PROVENCE

HUBRECHT DUIJKER

PROVENCE

Zu Weingütern und historischen Stätten

HUGH JOHNSONS WEINREISEN

Hallwag Verlag Bern und Stuttgart

Inhalt

Widmung
Für meine provenzalisch-holländischen Freunde Eugène und Tineke

Die englische Originalausgabe ist unter dem Titel «Touring in Wine Country Provence» im Verlag Mitchell Beazley (Teil der Verlagsgruppe Reed Consumer Books Limited), London, erschienen.

Übersetzung: Petra Daniell, München
Redaktion und Lektorat der deutschen Ausgabe: Werkstatt Gillhofer, München
Orte und Weine / Index: Ann Barrett
Satz: Werkstatt Gillhofer
Schutzumschlag: Robert Buchmüller
Printed and bound by Toppan Printing Company Limited, Hong Kong

ISBN 3-444-10504-5

Hallwag

TERREBRUNE
BANDOL
TERREBRUNE
BANDOL
TERREBRUNE
BANDOL

Lou Pilha Leva
SPÉCIALITÉS NIÇOISES

BARON G
Château de Bellet
BELLET
BELLET DE NICE
CHATEAU DE CRÉMAT
BELLET
Appellation Bellet Controlée
1988
N°
Mis en bouteille au Château par
Charles BAGNIS, 06200 BELLET de NICE
1941 - 1991
CUVÉE DU CINQUANTENAIRE
Appellation BELLET Contrôlée
Mis en bouteille au Château
C. DE CHARNACÉ PROPRIETAIRE
TEL 93 37 81 57
1990

Vorwort

Es gibt verschiedenste Gründe, um die Provence zu besuchen: ihr Klima, die Landschaft und das Meer, die alten Baudenkmäler, die rustikale Küche, die *douceur de vivre*, das beschauliche Leben also, und die Unkompliziertheit der dortigen Menschen, sei sie Tatsache oder nur ein Klischee. Wenige aber dürften vor allem der Weine wegen in die Provence fahren. Einmal hier, aber fragt man sich: was trinken? Früher stellte sich diese Frage nicht ohne eine gewisse Verzweiflung – nach der zehnten Flasche eines aufdringlichen, aber charakterlosen Rosés. Glücklicherweise hat in den letzten Jahren ein massiver Qualitätswandel stattgefunden. Angeregt wurde er durch anspruchsvolle Urlauber und vor allem durch die Flut betuchter Zuwanderer, die auf Dauer oder vorübergehend in den malerischen alten *bastides* ihr Domizil nahmen.

Die Provence kann durchaus mit altbekannten Namen aufwarten. Nur einer aber, Bandol, hat sich in jüngster Zeit internationalen Ruhm erworben. Er ist ein außerordentliches Produkt aus einer heiklen Traube namens Mourvèdre und kann zu den aufrichtigsten und aufregendsten Roten zählen, die Frankreich zu bieten hat. Die meisten provenzalischen Qualitätsweine aber sind modernere Kreationen, das Resultat einer Politik, die aus dieser alten Reblandschaft eine 'Neue Welt' des Weins machte. So entstehen heute die besten Tropfen aus der Verbindung traditioneller Rebsorten der Region (keine von ihnen für sich eine Offenbarung) mit den internationalen Superstars, allen voran Cabernet Sauvignon und Syrah.

Rotweine sind inzwischen die eigentliche Stärke der Provence. Noch immer in der Mehrzahl, stellen die Rosés ihre ganze fruchtige Frische und Lebendigkeit unter Beweis oder zeigen sich zumindest entwaffnend sanft. Dagegen ringen die Weißen mit einigen Ausnahmen nach wie vor um Anerkennung. Im berühmten Cassis, an der Küste nahe Marseille, entstehen robuste Durchschnittsweine. Erstaunlicherweise munden die Roten der Provence (und auch die Rosés) den hiesigen heißen Sommern zum Trotz am besten zu der herzhaften regionalen Küche.

Die Provence ist ein weitläufiges Gebiet und vielgestaltiger, als man meint. Zwischen dem Rhonetal und dem Punkt, an dem die Alpes Maritimes zum Meer abfallen – hier, gleich östlich von Menton, verläuft die Grenze zu Italien – erstreckt sich ein waldiges Gebirgsland, das herrlich zu bereisen, aber schwer zu bestellen ist.

Hubrecht Duijker begleitet seine Leser auf neuen Wegen durch diesen faszinierenden, von Pinienduft durchwehten Landstrich. Schon in wenigen Jahren aber wird eine solche Reise selbstverständlich sein wie eine Fahrt entlang der Rhône, durch das Elsaß oder eine andere der jeweils unterschiedlichen Weinregionen Frankreichs.

Hugh Johnson

Einführung

Die Provence als historische Einheit wurde von den Römern begründet, die sie als «Provinz» ihres Reiches betrachteten. Verwaltungstechnisch besteht die Region seit 1790 aus fünf Departements: Alpes-de-Haute-Provence, Alpes-Maritimes, Bouches-du-Rhône, Var und Vaucluse. Als Weingebiet ist die Provence jedoch kleiner, da ein Großteil des Vaucluse zur Rhôneregion zählt. Daher heißt der in diesem Führer ausschließlich behandelte Teil des Vaucluse auch Côtes du Lubéron. Die meisten Weinberge der Provence liegen im Departement Var – die Anbauflächen von Alpes-de-Haute-Provence und Alpes-Maritimes erreichen nicht einmal 400 Hektar.

Dieser Führer beschreibt allein jene Gegenden der Provence, in denen Wein erzeugt wird. Sie umfassen ein riesiges Gebiet, das im Westen von den Weinbergen nahe Les Baux-de-Provence im Rhônedelta begrenzt wird. Im Osten liegen in den Hügeln hinter Nizza die Weinberge der Appellation Bellet. Der nördlichste Punkt ist Apt am Fuß der Montagne du Lubéron, während die Weinberge auf der atemberaubend schönen Ile de Porquerolles den südlichsten Punkt bilden.

Ein ideales Klima

Seit dem Zweiten Weltkrieg wurde die Provence als Ferienziel immer beliebter. Ein Grund dafür ist ihr angenehm mildes, sonniges Klima. Sie kann sich mit 2700 bis 2800 Sonnenstunden pro Jahr brüsten. Das ist deutlich mehr als in Paris, wo die Sonne 1800 Stunden scheint, und beinahe doppelt so viel wie in London und anderen nordeuropäischen Städten. Die Durchschnittstemperatur beträgt im Sommer rund 22 °C, doch auch im Winter liegt sie noch um die 8 °C. Je weiter man ins Landesinnere kommt und mit zunehmender Höhenlage werden die Temperaturen extremer. Regen fällt hauptsächlich im Spätherbst und zeitig im Frühjahr. Der Mistral, der typische

Links: *Blütezeit in der Domaine Richeaume, einem Weingut mit organischem Anbau in der AOC Côtes de Provence.*

Oben: *Die Farben bei Sonnenuntergang und malerische Mühlen inspirierten eine ganze Reihe von Künstlern.*

Provence

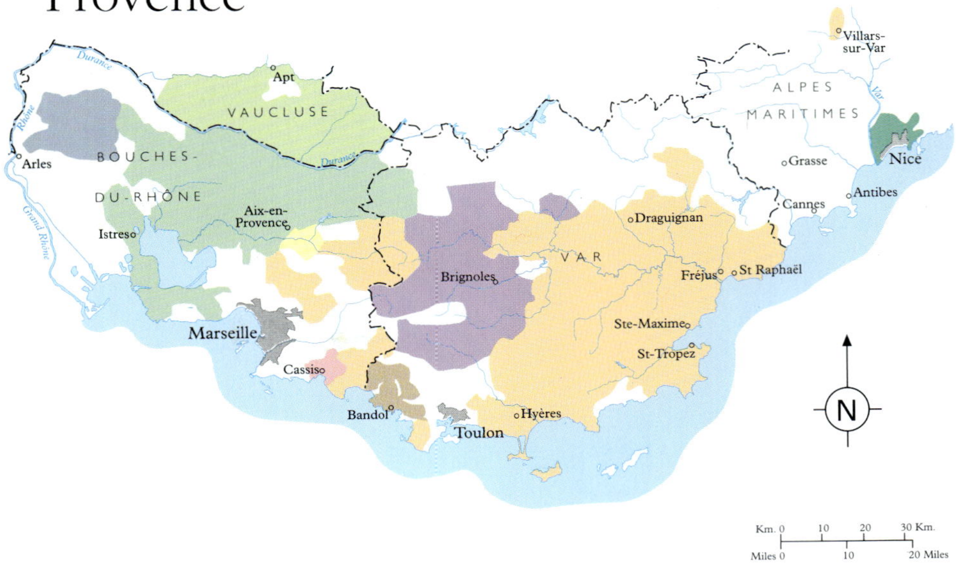

Departementsgrenze
Côtes du Lubéron
Coteaux d'Aix-en-Provence
Les Baux-de-Provence
Palette
Cassis
Bandol
Coteaux Varois
Côtes de Provence
Bellet

Oben: *Die leuchtend lilafarbenen Lavendelblüten werden destilliert und in der Parfümindustrie im Gebiet um Grasse als Duftessenz verwendet.*

Links: *Die Montagne Sainte-Victoire in der Ferne hat Paul Cézanne immer wieder in seinen Bildern verewigt.*

heftige Wind aus den Alpen, bläst auch in der Provence unbarmherzig, obgleich weniger häufig als im Rhônetal. Dank des Winds bleiben die Rebstöcke von Krankheiten verschont und faulen nicht.

Eine Landschaft voller Gegensätze

Die provenzalische Landschaft wirkt wie ein Magnet: Sie zieht Millionen von Besuchern aus ganz Europa und weit darüber hinaus an, die fasziniert sind von ihrer berauschenden Schönheit und Vielfalt.

Entlang der Côte d'Azur werden endlose Sandstrände von eindrucksvollen Felsklippen und wunderschönen Buchten unterbrochen. Das Hinterland prägen zahlreiche Gebirgszüge. Von West nach Ost sind dies Les Alpilles, Montagne du Lubéron, Montagne Sainte-Victoire, Massif de la Sainte-Baume und Massif des Maures. In der Provence ist man stets von Hügeln umgeben, zumindest sieht man sie am Horizont. Häufig sind sie mit dichtem Wald und Strauchwerk überzogen oder von tiefen Felstälern durchschnitten. Die berühmteste Schlucht heißt Gorges du Verdon im nördlichsten Teil des Var, andere finden sich in Ollioules (Bandol) nördlich von Draguignan und in der Nähe von Bellet (Gorges de la Vésubie).

Oben: *Eine atemberaubende Berglandschaft dient als Kulisse für Mas de la Dame, das größte Gut im Rotweingebiet Les Baux-de-Provence.*

Die Bergketten sind durch fruchtbare Täler voneinander getrennt, Flüsse und Bäche schlängeln sich durch sanfte Hügel – im Zusammenspiel ergibt dies eine der schönsten Landschaften Frankreichs.

Blumen und Früchte

Die Vegetation der Provence ist üppig. Sträucher, Nadelhölzer, Zypressen, Palmen, Eichen und Kastanienbäume prägen die Landschaft. Überall wachsen Blumen, ein Meer von Blüten schmückt Gärten und Balkone. Das Dorf Bormes-les-Mimosas wurde sogar nach einer Blume benannt, und in der Stadt Ollioules findet die größte Blumenauktion Frankreichs statt.

Im Departement Var werden seit dem 19. Jahrhundert mehr Schnittblumen gezogen als in jeder anderen Gegend Frankreichs. Nizza ist für seine Nelken bekannt, doch bietet es auch eine breite Palette anderer Gewächse. Allein im Var kann man zwischen 45 Rosen- und 35 Mimosenarten wählen. Außerdem liefert die Provence riesige Mengen Lavendel. Kommt man im Hochsommer dorthin, liegt stets der Duft des lila Lavendels in der Luft, der als Essenz nach Grasse geht, der Hochburg der Parfümherstellung, und von dem sich auch die Honigbienen gerne betören lassen.

Neben den Trauben für den Wein werden in der Provence Früchte aller Art angebaut, vor allem Oliven. Vielerorts preßt man in alten Mühlen Olivenöl, und Mouriès nahe Les Baux gilt als der Ort mit der höchsten Olivenölproduktion in Frankreich. Das Massif des Maures hingegen ist berühmt für seine Eßkastanien, die in Orten wie La Garde-Freinet seit Generationen kultiviert werden. In einigen Dörfern des Massif des Maures wird an den Oktober- und Novembersonntagen die Fête de la Châtaigne gefeiert, das Kastanienfest. Und wandert man durch die freie Natur, steigt einem unweigerlich der köstliche Duft der berühmten Kräuter der Provence in die Nase.

Rechts: *Das Dorf Cotignac und sein verfallenes Schloß schmiegen sich malerisch an eine Felswand.*

Beneidenswerte Lebensart

Eine weitere Attraktion der Provence ist ihr entspannter Lebensstil. Am frühen Abend, wenn die größte Hitze vorbei ist, trifft man sich im Schatten der Platanen auf dem Dorfplatz und genießt ein Glas Wein. Zu jeder Tageszeit jedoch wird mit großem Ernst *pétanque* oder *boules* gespielt. Die Regeln sind einfach: Es gibt zwei Mannschaften, und jede versucht, ihre *boules* (Stahlkugeln) so nah wie möglich an eine kleinere Zielkugel, den *cochonnet*, heranzurollen. Erfunden wurde das Spiel vermutlich 1907 in La Ciotat (zwischen Cassis und Bandol), wo es noch heute eine Avenue de la Pétanque gibt. *Longue* ist ein ähnliches Spiel, bei dem die Kugeln allerdings über zehn Meter weit geworfen werden müssen.

Daneben kann man in der Provence alle erdenklichen Sportarten ausüben: Schwimmen, Tauchen, Kanufahren, Klettern, Tennis, Segeln, Drachenfliegen, Autorennen oder das immer populärere Golfspiel.

Quelle der Inspiration

Den wahrhaft idyllischen Charakter der Provence verewigten zahlreiche Künstler in ihren Gemälden. Van Gogh malte in der Nähe von Saint-Rémy-de-Provence, und Cézanne war fasziniert von der Montagne Sainte-Victoire. Dagegen fanden Maler wie Bonnard, Braque, Chagall, van Dongen, Dufy, Kandinsky, Matisse, Monet, Picasso oder Renoir ihre Inspiration in der Schönheit der Küste zwischen Saint-Tropez und Nizza.

Der Vielfalt der Landschaft steht auch die Architektur der Provence nicht nach. Etliche Dörfer weisen italienische Einflüsse auf, die sich teils aus der geographischen Nähe Italiens erklären lassen. Doch hatte man auch italienische Familien angesiedelt, um Ortschaften wie etwa Bagnols-en-Fôret nahe Fréjus wieder aufzubauen.

Oben: *Blau- und Gelbtöne, wie hier in Cadenet (Lubéron), sind die traditionellen Farben provenzalischen Textildesigns.*

Oben rechts: *Der Grand Canyon du Verdon ist die breiteste und tiefste Schlucht Europas.*

Links: *Obwohl Cassis seit Jahrzehnten ein beliebtes Ferienziel ist, besitzt der Ort immer noch die Atmosphäre und den Charme eines unberührten Fischerdorfs.*

Im 15. Jahrhundert lud *le bon roi René* («der gute König René») viele italienische Künstler ein, in seinem Land zu leben und zu arbeiten. Das hatte zur Folge, daß es in der Provence gotische Kirchen wie den eindrucksvollen Bau in Saint-Maximin-La-Sainte-Baume nur selten, wundervolle romanische Kirchen dagegen im Überfluß gibt. Auch die herrlichen Abteien, etwa die im Zisterzienserstil erbaute Klosterkirche von Le Thoronet, sind einen Besuch wert.

Tourismus

Leider ist die Idylle der Provence heute durch einen gewaltigen Touristenansturm bedroht. Besonders die Küstenregion leidet im Sommer unter Verkehrsproblemen. Die natürliche Schönheit der Gegend hat man außerdem mit Ferienanlagen auf den grünen Hügeln der Côte d'Azur beeinträchtigt, die mehr und mehr auch ins Hinterland vordringen. Eine weitere Folge des Touristenstroms sind Waldbrände: Jedes Jahr gehen durch sie Hunderte, wenn nicht Tausende Hektar Baumbestand verloren. Während der neunziger Jahre ist jedoch ein neues Umweltbewußtsein gewachsen, und Departements wie Var haben Maßnahmen ergriffen, um ihre Landschaft zu schützen.

Die meisten Weinberge liegen glücklicherweise im Landesinneren, jenseits der überfüllten Küstenregion. Dieser Führer wird Ihnen behilflich sein bei der Entdeckung von Weindörfern mit der typischen Provence-Atmosphäre.

Geschichte der Provence

Die Provence war schon in vorgeschichtlicher Zeit besiedelt. Das belegen Dolmen, prähistorische Monumente, deren Alter auf rund 4500 Jahre geschätzt wird. Man findet sie in verschiedenen Teilen der Provence, beispielsweise in Brignoles und Cabasse.

1000 v. Chr. bewohnten Ligurer die Provence. Ihnen folgten die aus der kleinasiatischen Stadt Phokäa (dem heutigen Foça in der Türkei) stammenden Griechen, die 594 v. Chr. Massalia gründeten – das heutige Marseille. Die Phokäer waren eine wichtige Handelsmacht und errichteten entlang der gesamten Mittelmeerküste wirtschaftliche Zentren.

Die Griechen brachten Weinstöcke mit, darunter die Rebsorte Ugni blanc, und führten in der Provence die Kunst der Weinherstellung ein. Die zahlreichen entlang der provenzalischen Küste gefundenen Amphoren zeugen von einem florierenden Handel. 10 000 dieser griechischen Weinkrüge wurden allein auf der Ile de Riou gefunden, einer kleinen Insel zwischen Marseille und Cassis. Ein weiterer greifbarer Beleg für die griechische Okkupation ist das Schiff, das man 1992 beim Bau einer Tiefgarage unweit des Alten Hafens in Marseille entdeckte.

Die Römerzeit

Den Griechen folgten die Kelten und schließlich die Römer. Letzteren verdankt die Provence ihren Namen, der auf die römische Bezeichnung «Provincia Romana» zurückgeht. Julius Cäsar eroberte zwischen 58 und 51 v. Chr. ganz Gallien und ließ zwei Jahre nach seinem Sieg einen

Oben: *Die romanische Kapelle Saint-Sixte in der Nähe von Eygalières, im Herzen von Les Baux-de-Provence.*

Links: *1000 Jahre alte Steinskulpturen im Kreuzgang der Cathédrale St-Sauveur, Aix-en-Provence.*

neuen Hafen für seine Kriegsflotte bauen – Colonia Octavanorum Pacensis Classica Forum Julii, das spätere Fréjus.

Während der Pax Romana, der bis zum 4. Jahrhundert dauernden Friedenszeit unter römischer Herrschaft, erlebte die Provence eine Phase großen Wohlstands. Wie sich an Gemälden und Mosaiken, an Amphoren und erhaltenen Resten ihrer Produktionsstätten, an Gärbottichen und Kellern ablesen läßt, entwickelte sich auch die Weinherstellung zu einem blühenden Erwerbszweig. Die römische Zivilisation hat in der Provence noch viele andere Spuren hinterlassen, die von riesigen Amphitheatern bis zu den Resten einer galloromanischen Villa in der Domaine du Loou in La Roquebrussane reichen.

Die Sarazenen

Der Niedergang des Römischen Reichs führte zur Invasion von Barbarenstämmen wie Westgoten, Burgundern, Sachsen und Lombarden. Im 8. Jahrhundert n. Chr. bedrohten die Sarazenen, maurische Araber aus Spanien, die Provence. Sie rückten ins Landesinnere vor und erbauten 884 in Fraxinetum, dem heutigen La Garde-Freinet, eine Festung. Das Dorf liegt inmitten einer Bergkette, die man nach den Eindringlingen Massif des Maures nannte. Große Teile der Provence fielen in die Hände der Sara-

zenen, die in der ganzen Region Burgen, Zitadellen und Stadtmauern mit befestigten Toren errichteten.

Im Jahre 940 griffen sie Fréjus an, plünderten die Stadt und töteten ihre Bewohner oder versklavten sie. Die Mauren verbreiteten aber auch die Heilkunst, zapften erstmals Kiefernharz ab und führten die Herstellung von Keramikfliesen und viele andere Dinge ein, die bis dahin in der Provence unbekannt gewesen waren. 973 wurden die Invasoren schließlich von Wilhelm dem Befreier, dem ersten Grafen von Provence, verjagt.

Spanische und französische Dynastien

Mit diesem Ereignis begann die Geschichte der Provence als Grafschaft. 1112 heiratete eine Nachfahrin Wilhelm des Befreiers Raimond Bérenger, den Grafen von Barcelona. Das spanische Adelshaus blieb bis 1245 an der Macht, als die Provence mit Karl von Anjou, der 1246 seine eigene Schwägerin Beatrice Bérenger ehelichte, erneut einen französischen Herrscher erhielt.

Der letzte Graf von Provence war René von Anjou, der sogenannte «gute König René», unter dessen Herrschaft (1436–1480) die Region großen Wohlstand erreichte. Er förderte die Weinherstellung und führte die Muscat-Traube ein. In Aix-en-Provence steht ein Denkmal, das ihn mit einer Weintraube in der Hand zeigt. Am 15. Januar 1482 vermachte René von Anjous Neffe die Provence der französischen Krone. Ausgenommen waren lediglich die Stadt Nizza, die noch bis 1860 im Besitz des Herzogs von Savoyen verbleiben sollte, sowie das Fürstentum Monaco, das die Familie Grimaldi bereits im 10. Jahrhundert von den Genuesern erworben hatte.

Ein Schlachtfeld

Den Frieden der nun zur französischen Krone gehörenden Provence störten im 16. und 18. Jahrhundert grausame Religionskriege sowie die großen Pestepidemien von

Oben: *Die eindrucksvollen Überreste eines römischen Tempels im Château Bas.*

Oben rechts: *Ein friedlicher Winkel der Zisterzienser-Abtei Le Thoronet aus dem 12. Jahrhundert im Herzen des Var.*

Rechts: *Glanum ist eine gut erhaltene, im hellenistischen Stil erbaute römische Siedlung in der Nähe von Les Baux.*

1580 und 1720. Während des Erbfolgekriegs wurde die Provence im Jahr 1746 von österreichisch-piemontesischen Bündnistruppen mit britischer Flottenunterstützung erobert. Britische Kriegsschiffe spielten auch 1793 in Toulon eine Rolle, wo sie den Royalisten bei deren (erfolglosem) Kampf gegen die Revolutionstruppen Napoleons zur Seite standen.

1942 wurde die Provence erneut zum Schauplatz dramatischer Ereignisse. Damals versenkte sich die französische Flotte im Hafen von Toulon selbst, um nicht in feindliche Hände zu fallen. Am 15. August 1944 landeten Fallschirmspringer in der Nähe von Le Muy, die ersten Bodentruppen gingen in La Nartelle und an weiteren Orten entlang der Küste an Land. Zwei Wochen später war die Provence befreit.

Weinbau und Weine

GESCHICHTE DES WEINBAUS

Die Provence bezeichnet sich zu Recht als die älteste Weinbauregion Frankreichs. Seit mehr als zweieinhalb Jahrtausenden wird hier Wein erzeugt, und fast genauso lange wird er bereits exportiert. Von Forum Julii, dem heutigen Fréjus, aus verschifften bereits die Römer große Mengen Wein nach Italien. Im Mittelalter begann England nach der Heirat des englischen Königs Heinrich II. mit Eleonore von Aquitanien, Wein aus der Provence zu importieren. Auch Karl II. und Königin Maria unterzeichneten 1292 und 1391 Handelsverträge mit der Provence.

Der Export provenzalischer Weine gewann zunehmend an Bedeutung. Bis zum 18. Jahrhundert hatte sich die Provence zum zweitwichtigsten Weingebiet Frankreichs nach Bordeaux entwickelt. Die weiterhin steigende Nachfrage nach provenzalischem Wein führte im 19. Jahrhundert zu einer gewaltigen Ausweitung der Rebgebiete. Deren Fläche verdoppelte sich zwischen 1800 und 1850 auf 90 000 Hektar. Diese enorme Expansion war sicher auch eine Reaktion auf die Zurücknahme eines Edikts von König Ludwig XV. aus dem Jahr 1731, das die Anlage neuer Weinberge in der Provence untersagte. Seit dem Altertum stellte man in der Region helle Rotweine her, Vorläufer der heutigen Rosés. Doch wurden im 19. Jahrhundert auch robuste Rotweine immer beliebter, obwohl deren Qualität einiges zu wünschen übrig ließ. Ein unbekannter Autor schrieb im Jahr 1800, bei den Provenzalen gehe Quantität vor Qualität.

Oben rechts: *Sorgfältig beschnittene Rebstöcke unterhalb des Dorfes Pourrières in der AOC Côtes de Provence.*

Rechts: *Hölzerne Gärbehälter auf einem Gut der Familie Ott, dem Château Romassan in Bandol.*

Mitte des 19. Jahrhunderts ging die Nachfrage nach provenzalischem Wein zurück. Ein Grund dafür war der Bau der ersten Eisenbahnlinien, die es ermöglichten, in kurzer Zeit enorme Mengen Wein aus dem Languedoc nach Paris zu transportieren. Die Konkurrenz der Languedoc-Weine war für viele provenzalische Winzer ein herber Schlag. In manchen Jahren war die Lage so schlecht, daß sie überhaupt keinen Wein verkaufen konnten und ihre Bestände wegschütten mußten, um Platz zu schaffen für den nächsten Jahrgang. Ihre Notlage verschärfte sich noch, als die Reben 1851 und noch einmal 30 Jahre später von Mehltaupilzen befallen wurden. Die Winzer hatten sich kaum von diesem Schlag erholt, da wurden die Weinberge von der Reblaus *Phylloxera vastatrix* heimgesucht. Wie in anderen Teilen Frankreichs ging auch in der Provence nahezu der gesamte Rebbestand zugrunde.

Allein im Departement Var wurden von 1871 bis 1891 mehr als 50 000 Hektar Anbaufläche zerstört. Das entspricht fast zwei Dritteln des gesamten, seit 1850 ohnehin schon um 15 Prozent geschrumpften Weinbaugebiets.

Die einzige Möglichkeit zur Bekämpfung der Reblaus war das Aufpfropfen französischer Reben auf reblausresistente Unterlagen (Amerikanerreben). Doch setzte die teure Prozedur des Pfropfens, Ausschulens und Einpflanzens voraus, daß die Winzer so kostengünstig wie möglich arbeiteten. Bis dahin hatte man die Weingärten oft auf von Olivenbäumen gesäumten Terrassen in halber Hanghöhe angelegt, während im Tal Obstbäume, Gemüse und Getreide wuchsen. Um die Erntemenge zu erhöhen und die Arbeit zu erleichtern, bauten die Winzer ihre Reben nun auf niedriger gelegenem Gelände an, wie es ihnen viele Konkurrenten im Languedoc vorgemacht hatten. Sie wechselten außerdem zu ertragreicheren Rebsorten wie der roten Carignan über. Die hervorragende Mourvèdre-Traube verschwand fast vollständig.

Zur selben Zeit wurden die ersten Genossenschaften gegründet. Die früheste entstand 1905 in Cotignac. Vier Jahrzehnte später gab es allein im Departement Var beinahe 100 davon, und mehr als die Hälfte existiert noch heute. Diese *caves coopératives* erzeugen knapp 60 Prozent aller Côtes-de-Provence-Weine. Manche davon tragen so interessante Namen wie L'Amicale (Cuers), L'Emancipatrice (Besse-sur-Issole), La Fraternelle (Pourrières) oder La Laborieuse (Carnoules).

In der ersten Hälfte des 20. Jahrhunderts bestand das Hauptziel der bedeutendsten Appellation Côtes de Provence im bloßen Überleben. Die Erzeuger versuchten, möglichst große Mengen annehmbaren Weins zu einem möglichst hohen Preis zu verkaufen. Deshalb mußte Côtes de Provence bis 1977 auf den Rang der Appellation contrôlée warten. Kleinere Gebiete der Provence mit strengeren Qualitätsmaßstäben erhielten den begehrten Status bereits Jahrzehnte davor: Cassis 1936, Bandol und Bellet 1941, Palette 1948. Côtes de Provence stieg außerdem nach und nach auf Roséweine um, die auch heute noch drei Viertel der Produktion ausmachen.

Nur wenige Winzer konzentrierten sich auf die Erzeugung von Qualitätsweinen. Bereits 1896 hatte Marcel Ott Bordeaux-Rebsorten in die Provence eingeführt – Cabernet Sauvignon und Sémillon. Ungefähr 75 Jahre später wurde Cabernet Sauvignon mit durchschlagendem Erfolg im Château Vignelaure angebaut. Heute gehören sowohl Cabernet Sauvignon als auch Sémillon zu den offiziell zugelassenen Rebsorten der Côtes de Provence.

DIE WEINE

Crus classés

1932 riefen vier gewissenhafte Winzer eine Interessengemeinschaft zur Qualitätsverbesserung ihres Weins ins Leben. Sechs Jahre später erwuchs daraus ein Verband mit dem Ziel, den Status einer Appellation contrôlée zu erreichen. Während der deutschen Besatzung im Zweiten Weltkrieg blieb der Verkauf unter der Bezeichnung Côtes de Provence verboten, da diese nicht offiziell anerkannt war. Der Verband erhielt Unterstützung vom Institut National des Appellations d'Origine Contrôlée. Man erhob die in Frage kommenden Weine in den Rang eines Cru classé und konnte sie so als Côtes de Provence verkaufen. Eigentlich sollte diese Klassifikation nach dem Krieg wieder gelöscht werden, doch sie existiert bis heute. Die Zahl der Crus classés erhöhte sich bis 1955 sogar auf 23. Da dem Gesetzgeber die Situation mißfiel, wurden keine weiteren Güter in die Liste der Crus classés mehr aufgenommen. Die Zahl hat sich seitdem reduziert, die aktuelle Liste umfaßt lediglich 18 Namen:

CRUS CLASSES

Domaine de l'Aumérade
Pierrefeu
Château de Brégançon
Bormes-les-Mimosas
Domaine de Castel Roubine
Lorgues
Clos Cibonne
Le Pradet
Domaine de la Clapière
Pierrefeu
Domaine de la Croix
La Croix Valmer
Château du Galoupet
La Londe-les-Maures
Domaine du Jas d'Esclans
La Motte
Château de Mauvanne
Les Salins d'Hyères
Château Minuty
Gassin
Château Mireille
La Londe-les-Maures
Domaine du Noyer
Bormes-les-Mimosas
Domaine de Rimauresq
Pignans
Château Sainte-Marguerite
La Londe-les-Maures
Château Sainte-Roseline
Les Arcs-en-Provence
Château de Saint-Martin
Taradeau
Château Saint-Maur
Cogolin
Château de Selle
Taradeau

Oben rechts: *Im Château Vignelaure wurde erstmals Cabernet Sauvignon angepflanzt. Damals noch nicht für die AOC zugelassen, liefert die Rebe heute einige der besten Rotweine.*

Rechts: *Die am Beginn jeder Reihe gepflanzten Rosensträucher warnen frühzeitig vor Rebkrankheiten oder Mehltaubefall. Diese sehr gepflegten Rebstöcke stehen in den Coteaux d'Aix-en-Provence.*

Qualitätsgarantie

Da es für Crus classés weder offizielle noch inoffizielle Qualitätsmaßstäbe gibt, ist diese Bezeichnung heute nur von geringer Bedeutung. Die Liste beinhaltet einige hervorragende Güter, andere von vergleichbarem Rang fehlen jedoch; außerdem sind auch ein paar schwächere Produzenten darunter. Die Bezeichnung Cru classé ist daher keineswegs eine Garantie für überragende Qualität. Bei weitem wichtiger ist das Echantelage-Siegel, das von der 1990 gegründeten unabhängigen Confrérie des Echanteleurs des Côtes de Provence vergeben wird. Das Siegel, eine Art Qualitätsgarantie, erhalten nur die besten unter den von der Confrérie verkosteten Weine.

Roséweine

Daß Côtes de Provence nicht nur überlebt, sondern sich zu einer blühenden Weinregion entwickelt hat, ist hauptsächlich den sehr erfolgreichen Roséweinen zu verdanken, die aus einer Vielzahl verschiedener Rebsorten gewonnen werden. Die wichtigsten Sorten sind Carignan (maximal 40 Prozent), Cinsaut, Grenache, Mourvèdre und Tibouren. Neben diesen für Roséweine zulässigen Hauptreben gibt es eine Reihe erlaubter Nebensorten, darunter Cabernet Sauvignon.

Qualitätsverbesserung

Roséweine spielen immer noch eine große Rolle im provenzalischen Weinbau, weshalb sich die Winzer auch kontinuierlich um Verbesserungen bemühen. So wurde etwa in Vidauban das Centre des Recherches du Rosé gegründet, wo man eine Vielzahl von Experimenten durchführt. Das Comité Interprofessionnel des Côtes de Provence konzentriert seine Anstrengungen dagegen auf Rotweine. Es organisiert Weiterbildungsveranstaltungen, stellt Experten zur Überwachung der Weinerzeugung zur Verfügung und unterhält eine Reihe von Versuchsanlagen (wie in der Domaine de la Bernarde in Le Luc).

Als Folge dieser Bemühungen hat sich die Qualität der roten Côtes-de-Provence-Weine seit 1980 eindrucksvoll verbessert. Die Rebsorten sind nahezu identisch mit jenen, die für Roséweine verwendet werden. Jedoch kommen Nebensorten wie 'Cabernet Sauvignon oder Syrah sehr viel häufiger vor, während Tibouren fast gar keine Verwendung mehr findet. Auch die Erzeugung von weißem Côtes de Provence (fünf Prozent der Produktion) hat deutlich zugenommen. Die dafür zulässigen Rebsorten sind Clairette, Rolle, Sémillon und Ugni blanc.

Große Vielfalt

Die AC Côtes de Provence umfaßt 83 Gemeinden in drei Departements (hauptsächlich Var), mehr als 50 Genossenschaften, 350 Weingüter und rund 50 Händler. Damit ist sie zwar die bedeutendste, keineswegs aber die einzige Weinregion der Provence. Besucher werden in den in diesem Buch beschriebenen Gegenden auf zahlreiche weitere provenzalische Weine treffen, die zum Teil außerordentlichen Trinkgenuß versprechen.

WEISSE REBSORTEN

Ugni blanc oder Trebbiano

Eine Massenrebe, die weltweit unter verschiedenen Namen angebaut wird. In der Provence ist sie Grundlage für die allermeisten Weißweine, seien es Côtes de Provence, Coteaux Varois oder Côtes du Lubéron. Die Trauben ergeben recht nichtssagende Weine ohne eigenen Charakter und werden daher meist verschnitten oder für die Destillation von solch weltberühmten Weinbränden wie Cognac oder Armagnac verwendet. Die Rebe ist sehr ergiebig und liefert auch in warmem Klima säurereiche Weine.

Clairette blanc

Die aus dieser Traube erzeugten Weine bildeten einst die Basis für Tischweine mit hohem Alkoholgehalt oder sogar für Wermut. Clairette setzt die Sonneneinstrahlung hervorragend um und gewinnt während der Gärung eine erstaunliche Stärke. Diese Eigenschaften entsprechen nicht mehr dem Geschmack unserer Zeit, und dementsprechend seltener wird diese Rebe angebaut. In Bestform (siehe Château Simone) oder in den Cassis-Weinen bietet die Rebe jedoch einen nachhaltigen und aromareichen Geschmack.

Roussanne

Eine Rebsorte, die für ihren Beitrag zu den edlen Weinen des Rhônetals, beispielsweise zu weißem Hermitage, bekannt ist. In der weiter südlich gelegenen Provence profitiert sie von der längeren Reifezeit und liefert körperreiche, langlebige Weine mit gutem Säuregehalt. Ihr Geschmack wird gelegentlich mit feinem Olivenöl verglichen. Roussanne findet sich nicht nur in Weißweinen, sondern auch als Verschnitt in Rosé- oder sogar Rotweinen.

Sauvignon blanc

Diese Rebsorte, berühmt für ihren Anteil an edlen weißen Bordeaux- und Loire-Weinen, wird in der Provence erst seit relativ kurzer Zeit verwendet, um die reichhaltigen, eher traditionellen Sorten durch ihr charakteristisches «grasiges» Aroma aufzufrischen.

Sémillon

Wie schon als Partner von Sauvignon blanc in hochwertigen Bordeaux-Weißen bewirkt diese Traube auch hier einen reiferen Stil mit Vanillegeschmack, der im Verbund mit Ugni blanc den Weinen mehr Charakter verleiht.

Rolle

Eine eigenwillige Sorte, die ausschließlich in der kleinen Appellation Bellet in den Hügeln hinter Nizza kultiviert wird. Wie bei vielen Weinen dieser Region behaupten Kenner auch hier, Salz und einen Hauch von Rosmarin und Thymian herausschmecken zu können.

ROTE REBSORTEN

Carignan

Bei dieser Rebsorte hängt viel von der Lage ab. Auf Ebenen mit starker Sonneneinstrahlung liefert sie dumpfe und überreife Weine. Ihre Produkte aus den Hügellagen dagegen sind oft sehr viel besser. Carignan, weltweit in

Rechts: *Die Roussanne-Traube ist als Bestandteil des Rhône-Weins Châteauneuf-du-Pape bekannt.*

Unten rechts: *Die noble Syrah-Traube verleiht den Weinen der Provence einen edlen, pfeffrigen Ton.*

Unten: *Grenache ist eine verläßliche Rebsorte, die im typisch provenzalischen Roséwein vielfach Verwendung findet.*

großem Maßstab angebaut, gilt als Arbeitspferd unter den Reben. Die Trauben haben eine dicke Schale und reifen spät, was in der flirrenden Mittelmeerhitze der Provence Vorteile bringt. Carignan wird häufig mit Grenache und Cinsaut verschnitten, um ihre schwere, gerbstoffreiche Konsistenz durch Fruchtigkeit auszugleichen. Zusätzliches Aroma kann durch die heute sehr beliebte Kohlensäuremaischung gewonnen werden, da der Gärprozeß dann rascher abläuft und der Wein an Frische gewinnt. Carignan findet besonders in Roséweinen Verwendung.

Grenache

Ähnlich wie Carignan zeigt sich diese Rebe in Verschnitten von ihrer besten Seite und wird häufig in Rosé verwendet. Sie verleiht den Weinen eine charakteristisch orangefarbene Tönung und hebt sie so von den aus dem Loiretal stammenden Gamay-Spielarten ab. Auch Grenache ist eine ausgesprochen ertragreiche Rebsorte, die überall in der Provence großflächig angebaut wird. Viele Rotweine verdanken ihr einen angenehm fruchtigen Ton, der beispielsweise das pikante Aroma von Syrah hervorragend ausgleicht. Ein Grund für die Beliebtheit der Traube bei der Roséerzeugung ist ihre relativ dünne Schale und die daraus resultierende helle Farbe nach der Gärung. Traditionsgemäß werden die meisten Reben für provenzalischen Rosé auf flachen, sandigen Ebenen gezogen. Die besten Grenache-Weine stammen dagegen von Hanglagen, wo die Reben eine bessere Schale und Farbe entwickeln konnten.

Cinsaut

Diese Rebe gedeiht ohne Ertragseinbuße in extremer Hitze und auf trockenen Böden und ist daher bei den Winzern ausgesprochen beliebt. Ihre harte Schale, die bei der maschinellen Ernte kaum je verletzt wird, ist ein weiterer Pluspunkt. Allerdings wird Cinsaut eine fleischige, grobe Note unterstellt, die unverschnitten beinahe unangenehm wirkt. Die Traube verleiht dem Rosé Gewicht und Rotweinen Gehalt.

Syrah

Die große Rebsorte des Rhônetals ist in der Provence zwar weniger interessant, bringt jedoch in Rotweinverschnitten nach wie vor ihren charakteristischen Pfeffergeschmack. Als *cépage améliorateur* verhilft sie gewöhnlichen provenzalischen Weinen zu neuen Höhen. Die Zugabe von Syrah ermöglicht eine längere Lagerung des Weins, der besonders gut wird, wenn er ein oder zwei Jahre im Holzfaß reift.

Cabernet Sauvignon

Marcel Ott sagt man nach, er habe diese edle Rebsorte in der Provence eingeführt und, was noch wichtiger ist, ihre offizielle Anerkennung unter Appellationsrichtlinien

Oben: *Chardonnay, die vermutlich weltweit bekannteste Rebsorte, wird in der Provence noch nicht großflächig angebaut.*

Links: *Die gepflegten Rotweine der AOC Palette verdanken ihren Ruf der Mourvèdre-Traube, die auch auf dem Château Simone kultiviert wird.*

Rechts: *In der winzigen Region Bellet in den Bergen hinter Nizza wird aus der Rolle-Traube pikanter, kräuterwürziger Weißwein erzeugt.*

erwirkt (siehe auch Seite 22). Die große Rebe des Bordeaux ist leicht zu kultivieren und deshalb weltweit unter verschiedensten Bedingungen erfolgreich. Obwohl es in der Provence sehr viel heißer ist als im Médoc, übersteht der noble Cabernet-Geschmack die Hitze problemlos. Die aus Cabernet Sauvignon gewonnenen Rotweine gehören unbestritten zu den Vorzugstropfen der Region. Wie in der Gironde erzielt man die besten Ergebnisse an Hanglagen, speziell um Aix-en-Provence und vor allem in Les Baux-de-Provence.

Mourvèdre

Eine traditionelle Rebsorte dieser Gegend, die sich immer noch durchsetzt, obwohl sie nicht zu den «edlen» Sorten gehört. Sie wird mit den besten Weinen des Bandol in Verbindung gebracht und verleiht Verschnitten mit ausdrucksärmeren Reben wie Cinsaut und Carignan eine deutliche Klasse. Auffallend ist der anregende Brombeergeschmack der Mourvèdre-Weine.

Folle noir

Diese Sorte ist ein Relikt der alten Provence; sie wird in den Hügeln oberhalb von Nizza angebaut und in den Erzeugnissen der winzigen Appellation Bellet eingesetzt. Die Traube ergibt Weine traditionellen Stils: kraftvoll, aber plump und von kräftiger Farbe. Eine weitere in Bellet-Weinen verwendete Traube ist Braquet.

Tibouren

Ebenfalls eine angestammte Rebsorte der Provence, die häufig den Kräuter- oder gar Arzneigeschmack älterer Weinstile aufweist. Sie wird heute wieder angebaut, um flachen Roséweinen Körper und Charakter zu verleihen, doch ist sie leider anfällig für Rebkrankheiten.

Vins de pays

Als Vin de pays verkaufter Wein bietet oft viel Qualität für wenig Geld. Die Bezeichnung, die wörtlich «Landwein» bedeutet, wurde Mitte der 70er Jahre eingeführt, um die Weinqualität in kleineren Anbaugebieten zu verbessern. Sie war vor allem für jene Winzer gedacht, die mit neuen Rebsorten experimentieren wollten, welche nach den Bestimmungen der Appellation contrôlée (AC) oder *vin délimité de qualité supérieure* (VDQS) nicht zugelassen waren.

In der Provence sollte man nach mehreren Namen Ausschau halten. Manche sind regionale Bezeichnungen und gelten für ein gesamtes Departement. Andere decken nur ein kleines Anbaugebiet ab und bezeichnen vielleicht den Wein einer einzigen Genossenschaft. Die Weine werden einer Qualitätsprüfung unterzogen und müssen in Hinblick auf Säure, Alkoholgehalt und Ertrag der einzelnen Rebsorten bestimmte Mindestanforderungen erfüllen. Im Gegenzug erhält der Erzeuger einen etwas höheren Preis als für einen gewöhnlichen Vin de table und dürfte auf dem Markt konkurrenzfähiger sein.

VINS DE PAYS MIT DEPARTEMENT-BEZEICHNUNG

Vin de pays des Alpes-de-Haute-Provence

Rot- und Roséweine aus dem Durancetal. Außerdem etwas Weißwein aus traditionellen Rebsorten.

Vin de pays des Bouches-du-Rhône

Zu diesem großen Gebiet gehören Aix-en-Provence, der östliche Teil der Côtes de Provence und die um Marseille in Nähe zum Meer erzeugten Weine der Camargue. Es handelt sich größtenteils um Rotweine, deren Traubensatz unter Umständen Cabernet Sauvignon enthält.

Vin de pays du Var

Ein Landwein aus dem Herzen der Provence – das Departement Var erstreckt sich von den Bergen bei Draguignan bis zur Küste. Die mit traditionellen Sorten wie Carignan und Grenache hergestellten Roséweine machen etwa die Hälfte der Produktion aus. Sie dürfen nicht mit den höherwertigen Weinen verwechselt werden, die als Côtes de Provence in den Handel kommen, doch sind manche Erzeugnisse ausgezeichnet, wie die Domaine de Triennes beweist. Auch Rotweine werden unter dieser Appellation erzeugt, die Weißweinproduktion dagegen ist nahezu vernachlässigbar.

Vin de pays de Vaucluse

Das Gebiet liegt größtenteils im Rhônetal und damit außerhalb der in diesem Buch behandelten Region. Die zugehörigen Vins-de-pays-Weißweine aus dem Lubéron werden aus Ugni blanc hergestellt. Sie verdienen indes nicht so viel Interesse wie die Rotweine.

Vin de pays des Alpes-Maritimes

Diese Appellation umfaßt Weine aus der Hügellandschaft hinter Nizza und der Rivieraküste.

Oben: *Solche Reben, wie hier bei Draguignan im Var, liefern schlichte, süffige Roséweine.*

VINS DE PAYS MIT LOKALER BEZEICHNUNG

Vin de pays d'Argens

Weine aus den Tälern der Flüsse Issole und Argens im Departement Var. Es handelt sich großteils um Roséwein, doch werden auch einige gute Rotweine aus Cabernet-Sauvignon-Trauben produziert. Die wenigen Weißweine werden aus traditionellen Rebsorten wie Clairette und Rolle, aber natürlich auch aus der unvermeidlichen Ugni blanc gewonnen.

Vin de pays des Maures

Von den Weinbergen im Schatten des hoch aufragenden Massif des Maures westlich von Saint-Tropez kommen hauptsächlich Rot- und Roséweine. Die Gesamtproduktion beläuft sich auf knapp eine Million Kisten jährlich.

Vin de pays du Mont-Caume

Gute Rotweine aus der Nähe von Bandol sowie einige tausend Kisten Rosé- und Weißweine.

Vin de pays de la Petite Crau

Wie der Name schon anklingen läßt, handelt es sich hier um ein kleines Gebiet, das nur vier Gemeinden umfaßt. Aus den Reben in der steinigen Erde um Les Baux-de-Provence werden angenehme, fruchtige Rotweine gewonnen. Die Maßstäbe sind hoch, und der Großteil wird von einer einzigen Genossenschaft in Noves vinifiziert.

Oben rechts: *Oliven und Reben besitzen für die Bauern in der Provence oft denselben Stellenwert.*

Die Küche

Es ist immer wieder eine Freude, im Frühjahr und Sommer über einen provenzalischen Markt zu schlendern. Die Stände quellen von frischen Köstlichkeiten förmlich über. Man findet Artischocken, Auberginen, Zucchini, Knoblauch, Paprika, die verschiedensten Salate, Tomaten, Zwiebeln und viele andere Gemüsesorten. Und dazu gibt es Erdbeeren, Aprikosen, Äpfel, Kirschen, Melonen, Birnen, Pfirsiche und Pflaumen im Überfluß Alles wird frisch von den Feldern aus der Umgebung geliefert.

Unweigerlich stößt man auf einen Stand mit einer Riesenauswahl an Oliven, darunter die köstlichen kleinen, schwarzen aus Nizza, oder auf die überraschendsten Kräuter und Gewürze. Am Käsestand wird hausgemachter Ziegenkäse angeboten, ein Metzger preist zartes Lammfleisch an, und ein Fischhändler verkauft so exotisch wirkende Meeresbewohner wie *rascasse* (Drachenkopf), *Saint-pierre*, *rouget* (Rötling), Sardellen und andere im Mittelmeer heimische Arten.

Oben: *Obst und Gemüse gedeihen im günstigen Klima der Provence prächtig. Knoblauch ist ein wesentlicher Bestandteil der provenzalischen Küche. Bei der Zubereitung von Artischocken treten sowohl französische als auch italienische Einflüsse zutage.*

Links: *Dieser Markt in der Altstadt von Nizza lockt mit einem riesigen Angebot an leckeren Oliven in allen Formen und Farben.*

Ganz links: *Die Gegend um Les Baux-de-Provence ist sowohl für ihre Weine als auch für ihre Oliven bekannt. Die größten Olivenöl-Genossenschaften Frankreichs haben hier ihren Sitz. Eine Köstlichkeit sind in Kräuter eingelegte Oliven.*

Provenzalische Spezialitäten

Aufgrund dieses Reichtums hat die provenzalische Küche viele köstliche Spezialitäten entwickelt. Eine der bekanntesten ist *tapenade*, der sogenannte Arme-Leute-Kaviar, eine Paste aus pürierten schwarzen Oliven, Kapern, Sardellen und manchmal auch Thunfisch. Schwarze Oliven gehören auch in die *salade niçoise*, die aus Tomaten, grünen Paprika, grünen Bohnen, Sardellen und/oder Thunfisch, Artischockenherzen, Zwiebeln, hartgekochten Eiern und natürlich Kopfsalat besteht und mit Olivenöl angerichtet wird. *Pissaladière* ist ein pizzaähnlicher flacher Zwiebelkuchen mit schwarzen Oliven und Sardellenfilets. Als Beilage zu Fleischgerichten wird oft *ratatouille* serviert, ein Potpourri aus Auberginen, Paprika, Zucchini, Tomaten und anderen Gemüsen, die in Würfel geschnitten und in Olivenöl und Knoblauch geschmort werden.

Fischsuppe und Knoblauch

Die berühmteste Spezialität der Provence ist die *bouillabaisse*. Sie besteht aus mindestens drei Sorten Fisch, darunter unbedingt *rascasse*. Der bekannte Gastronom Curnonsky hat die *bouillabaisse* wegen der Farbe, die ihr der Safran verleiht, als «goldene Suppe» beschrieben. Die zweite obligatorische Zutat ist Olivenöl. Die *bouillabaisse* wird meist mit einer würzigen Knoblauch-Mayonnaise namens *rouille* gereicht, die man auf gerösteten Weißbrotstücken ißt. Ein weiteres traditionelles und ebenso nahrhaftes Gericht ist die *bourride*, eine Art Suppe aus verschiedenen Fischarten mit festem weißem Fleisch.

Andere typisch provenzalische Gerichte sind die Knoblauchmayonnaise *aïoli* und die einer italienischen Minestrone ähnelnde *soupe au pistou*. Das ist eine würzige Gemüsesuppe, in die eine Paste aus geriebenem Parmesan, gemahlenen Pinienkernen, zerstoßenem Knoblauch, Basilikum und Olivenöl gerührt wird. (Dieselbe Mischung kennt man in Italien als *pesto*.) Bekannt ist die Provence außerdem für ihre zahlreichen köstlichen Fischgerichte. *Filets de rougets au basilic*, Rötlingfilet mit Basilikum, ist seit Jahren eine Spezialität des Drei-Sterne-Restaurants L'Oustau de Baumanière in Les Baux.

Fleisch, Käse und Obst

Lammfleisch erfreut sich in der Provence großer Beliebtheit und wird auf alle möglichen Arten zubereitet. *Daube* ist ein traditionelles ländliches Rindfleischgericht. Je nach Jahreszeit steht häufig Wild auf der Speisekarte. *Caillettes* sind kalte Fleischbällchen aus Schweinehack mit Gemüse (häufig Spinat) und Kräutern. Auf der Käseplatte findet man eine große Auswahl von Berg- und Ziegenkäsen, wie etwa den in Kastanienblätter gewickelten *banon*. Als Nachtisch sind kleine Obsttörtchen, aber auch kandierte Kirschen oder Aprikosen typisch für die Provence.

Links: *Sonnenverwöhnte Früchte wie Aprikosen und Reneklodenzeigen sich in der Provence von ihrer besten Seite. Kandiert oder getrocknet werden sie das ganze Jahr über als Leckerei verkauft.*

Oben: *Feinschmecker wissen das reichhaltige Angebot an Fischen zu schätzen. Frische ist oberstes Gebot für Meeresgetier. An bester Qualität und Auswahl besteht in der Provence kein Mangel.*

Zum Gebrauch des Führers

Text und Bilder dieses Buches werden Sie durch die gesamte Weinregion der Provence begleiten. Unsere Reise beginnt in Les Baux (zwischen Marseille und Arles) und endet in den Hügeln nahe Nizza. Die Anordnung der Kapitel entspricht einer Reise von West nach Ost, wobei die Küstenregion aus praktischen Gründen gesondert betrachtet wird. Fast jedes Kapitel stellt eine Route vor, die durch malerische Weindörfer zu den wichtigsten Sehenswürdigkeiten der jeweiligen Region führt. Die Strecken wurden vom Autor persönlich ausgewählt und selbstverständlich auch befahren. Außerdem enthält jeder Abschnitt Informationen zu den einzelnen Weinerzeugern.

Der Führer beschreibt historische Bauten, Sehenswürdigkeiten und landschaftliche Reize der verschiedenen Orte und nennt nach Möglichkeit solch nützliche Einzelheiten wie Markttage oder Veranstaltungen. Falls Sie eine Übernachtungsmöglichkeit suchen oder essen gehen möchten, können Sie die Liste empfohlener Restaurants und Hotels nutzen. Einige Tips gehen auf die Empfehlung von Einheimischen zurück und sind in anderen Reiseführern kaum oder gar nicht zu finden. Selbstverständlich hat der Autor auch viele der Hotels und Restaurants persönlich ausprobiert. Die Auswahl der aufgeführten Weingüter erfolgte strikt nach ihrer Qualität. Ergänzend ist jeweils angegeben, auf welchen Wein die entsprechende Domaine oder Genossenschaft spezialisiert ist.

Hotels

Bei der Buchung eines Hotels sollten Sie unbedingt erwähnen, daß Sie ein ruhiges Zimmer möglichst nach hinten oder auf einen Innenhof hin wünschen. Lautes Glockenläuten kann einem nachts den Schlaf rauben! Nennen Sie bei der Buchung stets eine ungefähre Ankunftszeit, und informieren Sie das Hotel telefonisch, falls es später werden sollte, da ihr Zimmer sonst unter Umständen an jemand anderen vergeben wird. Eine schriftliche Buchungsbestätigung per Post oder Fax kann nicht schaden. Wie in anderen Regionen Frankreichs auch können Sie genausogut in *gîtes* oder *châmbres d'hôtes* übernachten. Eine Liste dieser einfacheren Unterkünfte erhalten Sie im jeweiligen Office du Tourisme.

Restaurants

Bei vielen Restaurants empfiehlt es sich, einen Tisch vorzubestellen. So können Sie sicher sein, daß das Restaurant am gewünschten Tag geöffnet ist und einen Platz für Sie bereithält. Am besten wählt man den *plat du jour*, das Tagesmenü, das in der Regel nicht nur preiswerter ist als *A-la-carte*-Gerichte, sondern meist auch aus marktfrischen Zutaten bereitet wird. In einfacheren Restaurants sollte man typische Speisen der Region wählen, die häufig sehr viel besser schmecken als raffinierte Gerichte von anderswo, mit deren Zubereitung der Koch unter Umständen nicht so vertraut ist.

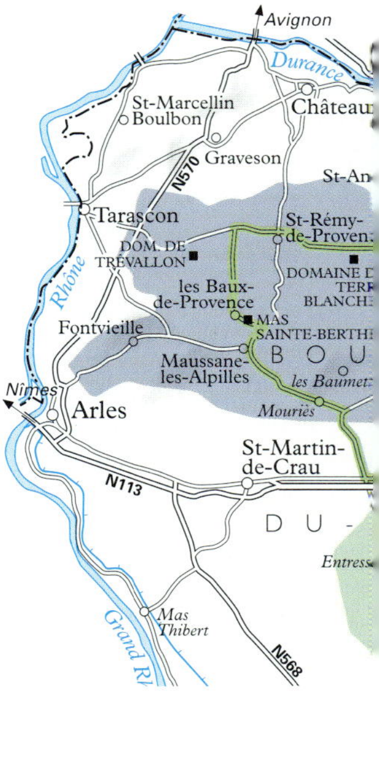

Oben: *Château de Crémat in der winzigen, exklusiven Appellation Bellet erzeugt Wein für wohlhabende Kunden an der Côte d'Azur.*

Bestellen Sie Weine aus der jeweiligen Region oder gar dem Ort selbst, da diese in der Regel mit größerer Sorgfalt ausgewählt wurden als die Erzeugnisse aus anderen Regionen. Wasser wird grundsätzlich kostenlos gereicht, man kann aber auch Mineralwasser bestellen.

Weinerzeuger

Die meisten Winzer der Provence sind auf den Verkauf an Privatleute eingestellt und freuen sich auch über Gelegenheitskunden. Man wird Sie besonders herzlich willkommen heißen, wenn Sie echtes Interesse an Wein bezeugen oder vielleicht sogar auf diesen Reiseführer verweisen! In so einem Fall wird man Ihnen wahrscheinlich bessere und etwas teurere Cuvées anbieten, die man sonst nicht für jeden Besucher hervorholt.

Bei der Weinprobe ist es üblich, den Wein in einen dafür bereitgestellten Napf, in einen Eimer oder im Freien auch auf den Boden zu spucken. Aus Höflichkeit sollten Sie den Besitzer jedoch fragen, ob er damit einverstanden ist. Erkundigen Sie sich auch, was mit dem Rest im Glas geschehen soll, denn viele Erzeuger schütten ihn in einen speziellen Behälter. Man gibt Winzern grundsätzlich kein Trinkgeld, aber Sie sollten als Dank für die dargebotene Gastfreundschaft mindestens eine Flasche Wein erwerben. Die meisten Winzer sprechen ausschließlich französisch, lediglich die jüngere Generation beherrscht heute manchmal auch Englisch.

Landkarten

Das Kartenmaterial in diesem Buch soll es dem Reisenden erleichtern, den im Text beschriebenen Routen zu folgen. Wichtige Dörfer und Weinorte sind deutlich hervorgehoben, um Ihre Reise so einfach und angenehm wie möglich zu gestalten.

Les Baux-de-Provence

Die sieben westlichsten Gemeinden der Appellation contrôlée Coteaux d'Aix-en-Provence sind berechtigt, einen eigenen Namen zu tragen. Ihre Bezeichnung lautet Coteaux des Baux-de-Provence. Beide Regionen wurden erst in den letzten 15 Jahren in den begehrten AC-Status erhoben – zweifellos eine Reaktion auf die entschlossenen Bemühungen zur Qualitätsverbesserung. Les Baux-de-Provence ist seit 1995 eine vollwertige Appellation contrôlée.

Die kleinste Domaine umfaßt etwas weniger als fünf Hektar, die größte (Mas de la Dame) hingegen nahezu 60 Hektar. Die Weinberge werden hier von dem zerklüfteten grauen Höhenzug namens Les Alpilles überragt, der in Hochebenen ausläuft. Der Boden ist kalkhaltig, die oberste Schicht besteht aus Lehm und Steinen. Insgesamt herrschen in der Region rote Traubensorten vor, darunter Grenache, Syrah, Mourvèdre, Cinsaut und Cabernet Sauvignon (offiziell bis maximal 20 Prozent).

Im Gegensatz zu Côtes de Provence, wo in erster Linie Roséweine erzeugt werden, ist dies hauptsächlich eine Rotweinregion. Die besten Les-Baux-Weine sind fleischig und reichhaltig im Geschmack, haben ein ansprechendes fruchtiges Aroma nach roten und schwarzen Beeren und lassen einen Hauch von Holzfeuer und Gewürzen ahnen. Da die Region noch in der Entwicklungsphase steckt und bei der Erzeugung ihrer Weine viel experimentiert wird, sollte man sie auf jeden Fall im Auge behalten. Zur Zeit bekommt man bei diesen Rotweinen viel geboten für sein Geld, vergleicht man sie etwa mit den teureren Angeboten aus älteren Appellationen wie Bandol. Erwähnenswert ist sicher auch, daß ihr Verschnitt anstelle traditioneller, eher ausdrucksschwacher Rebsorten wie Mourvèdre oder Cinsaut edle Trauben wie Cabernet Sauvignon und Syrah enthält. Die Rosé- und Weißweine der Gegend sind weniger interessant, aber meist von verläßlicher Qualität.

Links: *Die historische Zitadelle von Les Baux scheint sich direkt aus der felsigen Landschaft zu erheben.*

Oben: *Schafherden weiden auf den Hängen der Alpilles. Lamm ist eine Spezialität der Region.*

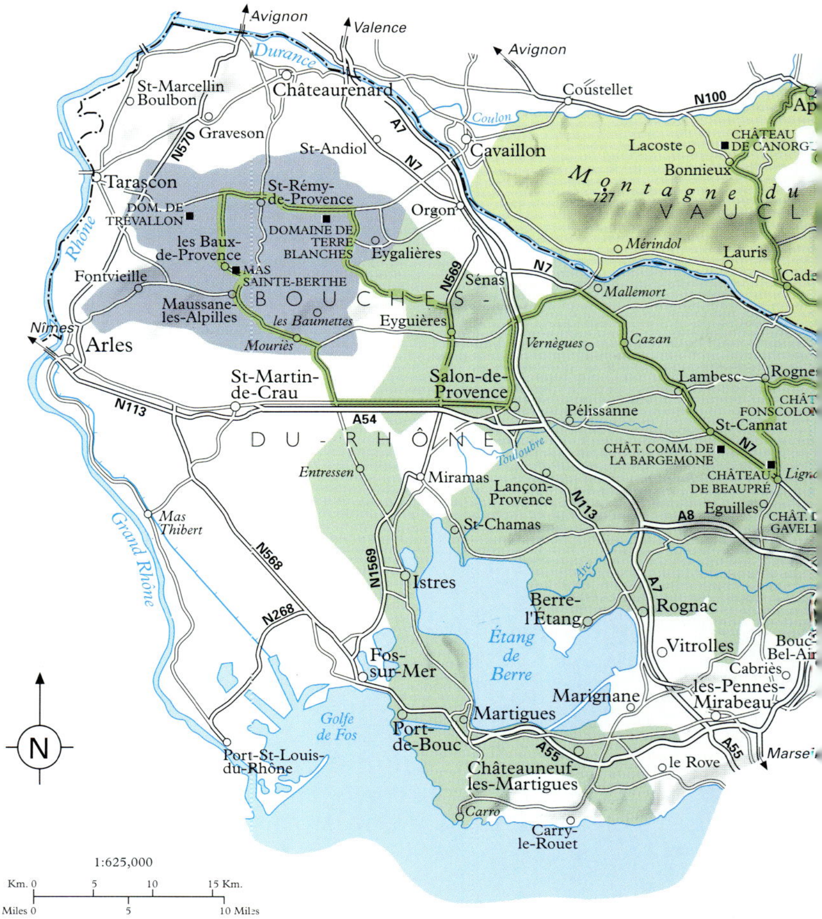

Oben: *Diese Keltern in Mouriès sind keine Trauben-, sondern Olivenpressen. Olivenöl-Genossenschaften spielen im Wirtschaftsleben der Region eine große Rolle.*

Allgemein betrachtet, spielt der Wein in der Les-Baux-Region eine entschieden geringere Rolle als Oliven. Die Region ist das Zentrum des Olivenanbaus, und in Les Baux-de-Provence ist der Olive sogar ein Museum gewidmet. 7000 Hektar Land sind mit Olivenbäumen bepflanzt. Das bedeutet einen Ertrag von jährlich rund 500 Tonnen Öl, das ausnahmslos von Genossenschaften vor Ort gepreßt wird. Der Besuch bei einer der Genossenschaften bietet eine angenehme Abwechslung zu den Weinproben! Eine weitere Spezialität der Region ist Lamm aus den Alpilles, zu dem ein roter Les Baux hervorragend mundet.

Die im folgenden Kapitel beschriebene Tour beginnt in den Gemeinden der Appellation contrôlée Coteaux d'Aix-en-Provence und führt durch Eygalières, Saint-Rémy-de-Provence, Les Baux-de-Provence, Maussane-les-Alpilles und Mouriès. Zwei weitere Gemeinden der Les-Baux-Region sind Fontvieille und Saint-Etienne-du-Grès.

VON SALON NACH LES BAUX

Das inmitten von Olivenhainen gelegene Salon-de-Provence ist ein hervorragender Ausgangspunkt für einen Besuch der Weinregion Les Baux-de-Provence. Salon be-

Les Baux

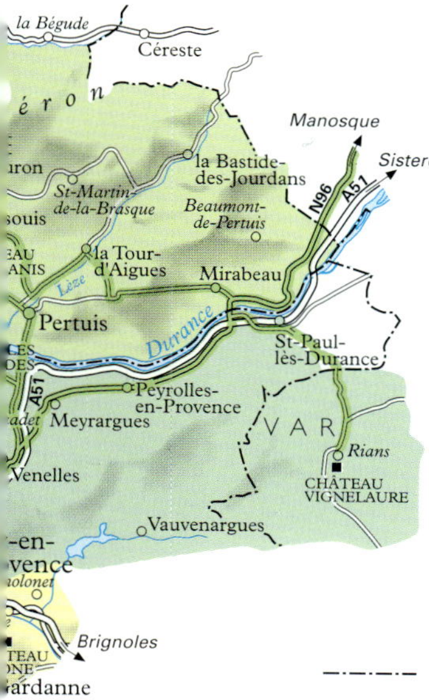

—·—·— Departementsgrenze

• Weinort

■ CHÂTEAU Cru classé oder anderer Spitzenerzeuger

Côtes du Lubéron

Coteaux d'Aix-en-Provence

Les Baux-de-Provence

Palette

Weinstraße

Oben: *Das malerische Château de Calissanne liegt im warmen Südteil von Les Baux. Die aus Cabernet Sauvignon und Syrah erzeugten Rotweine werden in Holzfässern ausgebaut.*

Unten: *Eichen und Rebstöcke im Mas de Gourgonnier. Das Gut legt auf organischen Anbau Wert.*

LES BAUX

HOTELS

Auberge Provençale
Eygalières, Tel. 4 90 95 91 00
Bezaubemdes kleines Hotel im Stadtzentrum. Mittag- und Abendessen werden bei schönem Wetter auf der Terrasse serviert. Komfortable Zimmer.

La Benvengudo
Les Baux-de-Provence
Tel. 4 90 54 32 54
Großes Gebäude in ruhiger Lage in einem Park am unteren Altstadtrand. 20 elegant eingerichtete Zimmer. Schwimmbad und gutes Restaurant.

Crin Blanc
Eygalières, Tel. 4 90 95 93 17
Hübsches Hotel mit 10 modern eingerichteten Zimmern. Das Restaurant bietet hervorragende provenzalische Küche. Tennisplätze und Schwimmbad.

L'Oustau de Baumanière
Siehe Restaurants.

Mas du Soleil
38, chemin Saint-Côme, Salon-de-Provence, Tel. 4 90 56 06 53
Zentral, aber ruhig gelegenes Haus mit Garten und Schwimmbad. 10 hübsche, sehr individuelle Zimmer. Das hoteleigene Restaurant François Robin ist das beste am Platz und bietet köstliche Weine der Region.

L'Oustaloun
Maussane-les-Alpilles
Tel. 4 90 54 32 19
Das Haus mit 10 Zimmern liegt am Kirchplatz mit Blick auf einen großen Brunnen. Die Zimmer sind klein und farbenfroh. Im Speisesaal mit schönem Gewölbe serviert man regionale Gerichte zu vernünftigen Preisen.

RESTAURANTS

Le Bistrot des Alpilles
15, boulevard Mirabeau
Saint-Rémy-de-Provence
Tel. 4 90 92 09 17
Ungezwungene Atmosphäre, sehr beliebt bei den Einheimischen. Hervorragende Lammkeule und Gegrilltes. Bei schönem Wetter wird auf der Terrasse serviert.

L'Oustau de Baumanière
Les Baux-de-Provence
Tel. 4 90 54 33 07
Eines der besten Restaurants Frankreichs. Hier werden mit großem Raffinement traditionelle provenzalische Gerichte zubereitet. Eindrucksvolle Weinkarte. Etwa 25 luxuriös eingerichtete Zimmer. Park, Schwimmbad, Tennisplätze.

Relais du Coche
Eyguières, Tel. 4 90 59 86 70
Ansprechendes Restaurant mit ein paar guten Fischspezialitäten.

sitzt einen malerischen alten Kern, der einst von einer Stadtmauer umschlossen war. Heute sind davon nur noch die Porte Bourg-Neuf aus dem 13. und die Porte de l'Horloge aus dem 17. Jahrhundert übrig. An die Altstadt grenzen drei von Läden und Straßencafés gesäumte schattige *cours* (Promenaden). Vor dem hübschen, im Stil eines italienischen Palazzo erbauten Rathaus steht ein Brunnen mit der Statue von Adam de Craponne, der in dieser ausgesprochen trockenen Gegend im 16. Jahrhundert einen Bewässerungskanal anlegte.

Über Treppen geht es hinauf zum Château de l'Empéri, der ehemaligen Residenz der Erzbischöfe von Arles, das auf einem Felsplateau oberhalb des historischen Stadtkerns liegt. Das Schloß stammt in Teilen aus dem 13. Jahrhundert und beherbergt heute ein nationales Militärmuseum. Die Dominikaner-Stiftskirche Saint-Laurent ist das eindrucksvollste Gotteshaus in Salon und ein hervorragendes Zeugnis provenzalischer Gotik.

Salon war die Heimatstadt des berühmten Heilkundigen und Astrologen Nostradamus, der im 16. Jahrhundert am Hof von Katharina von Medici lebte; seine Prophezeiungen erregen bis heute die Gemüter.

Links: *Diese Weinreben im Höhenzug der Alpilles erreichen beinahe die Baumgrenze. Mas de la Dame, Les Baux.*

Fahren Sie von Salon-de-Provence aus auf der D 17 nach Eyguières, einem Weindorf römischen Ursprungs. In der Nähe des Rathauses findet man eine interessante Wandmalerei. Von Eyguières aus kann man zum höchsten Punkt (493 Meter) der Alpilles hochwandern, wo die Tour des Opies einen herrlichen Panoramablick erlaubt.

Die nächste Etappe führt zu dem kleinen Dorf Aureille, wo Sie auf die D 25 wechseln. Die reizvolle Strecke führt nach Eygalières, einem hübschen Dorf am Fuß einer halbverfallenen Burg. Bemerkenswert ist die außerhalb des Dorfes in Richtung Orgon gelegene romanische Kapelle Saint-Sixte. Um nach Saint-Rémy-de-Provence zu kommen, folgt man der N 99, die an der Domaine des Terres Blanches und drei weiteren Weingütern vorbeiführt.

Saint-Rémy ist ein bezaubernder Ort mit malerischen Gassen und typisch provenzalischem Flair. Im Hôtel Estrine aus dem 18. Jahrhundert, das eine Sammlung von Erinnerungsstücken an van Gogh beherbergt, finden gelegentlich Ausstellungen zeitgenössischer Kunst statt. Das Musée des Alpilles läßt Geschichte und Gebräuche der Region lebendig werden, während Hobbyarchäologen im Musée Archéologique auf ihre Kosten kommen. Viele Ex-

La Salle à Manger
6, rue du Maréchal-Joffre
Salon-de-Provence, Tel. 4 90 56 28 01
Elegantes, aber einladendes Restaurant mit hervorragender Küche (lassen Sie Platz für den Nachtisch). Zweigängige Mittagsmenüs erhältlich.

MÄRKTE

Eygalières und **Mouriès** – Freitag morgens
Eyguières und **Lançon-de-Provence** – Dienstag
Maussane-les-Alpilles – Donnerstag
Saint-Rémy-de-Provence – Mittwoch und Samstag morgens
Salon-de-Provence – Dienstag, Freitag und Samstag morgens

REISETIPS

Museum von Vieil Eygalières – Befindet sich in der aus dem 17. Jahrhundert stammenden Chapelle des Pénitents.
Olivenmuseum – In der romanischen Kapelle St Blaise in Les Baux-de-Provence.
Golfplätze – Salon-de-Provence (18 Löcher), Les Baux-de-Provence (9 Löcher) und Mouriès (im Dörfchen Servanne, 18 Löcher).

VERANSTALTUNGEN

Maussane-les-Alpilles – Am ersten Oktoberwochenende wird auf der Place de l'Eglise ein Weinfest gefeiert.
Mouriès – In Mouriès findet am dritten Wochenende im September ein Olivenfest statt.

EMPFOHLENE ERZEUGER

EYGUIERES
Domaine des Glauges
Kleine Domäne mit guten Weinen, darunter roter Rêve de Pierres, rosé Instant Passion und weißer Emotion Coteaux d'Aix-en-Provence.

EYGALIERES
Domaine d'Eole
Rot- und Roséweine.
Domaine de la Vallongue
Produziert hauptsächlich roten Les Baux und etwas Rosé. Die Trauben stammen aus organischem Anbau.

SAINT-REMY-DE-PROVENCE
Domaine des Terres Blanches
Ein Gut mit hervorragendem Ruf. Achtet auf organischen Anbau und erzeugt verschiedene Rotweine, darunter Cuvée Aurélia mit Cabernet Sauvignon und Syrah, sowie Weiß- und Roséweine.

SAINT-ETIENNE-DU-GRES
Domaine de Trévallon
Das Spitzen-Weingut von Les Baux. Erzeugt aus Cabernet Sauvignon und Syrah eindringliche Rotweine mit Kräutertönen. Winzer Eloi Durbach wird wegen seiner charakteristischen Weine zu Recht bewundert. Die Rotweine dürfen jedoch wegen ihres hohen Anteils an Cabernet Sauvignon nur als Vin de pays des Bouches-du-Rhône bezeichnet werden. Darüber hinaus stellt er aus Marsanne noch etwas Weißwein her.

LES BAUX-DE-PROVENCE
Mas de la Dame
Das größte Weingut der Region. Produziert Rot-, Rosé- und Weißweine verschiedener Qualität. Versuchen Sie die rote Cuvée de la Stèle.
Mas Sainte-Berthe
Dieses Gut, einer der wichtigsten Produzenten von Les Baux-de-Provence, kultiviert 5 rote und 3 weiße Rebsorten. Die rote Cuvée Louis David wird aus Cabernet Sauvignon, Syrah und Grenache hergestellt und reift in neuen Fässern.

MOURIES
Mas de Gourgonnier
Eines der größeren Güter. Sein bester Rotwein ist die reichhaltige, fleischige Réserve du Mas. Auch der Weißwein ist interessant und sehr ausgewogen.

LANÇON-PROVENCE
Château de Calissanne
Ein großes Gut, das jährlich eine halbe Million Flaschen abfüllt. Die rote Cuvée Prestige schmeckt sehr konzentriert und ist von hoher Qualität. Auch die rosé und weißen Cuvées sind sehr erfolgreich. Der beste Wein ist der aromatische rote Clos Victoire.

ponate stammen aus Glanum, einer besonders gut erhaltenen und unbedingt empfehlenswerten römischen Ausgrabungsstätte einen Kilometer südlich von Saint-Rémy.

Von Glanum aus fahren Sie auf der D 5 weiter nach Les Baux-de-Provence, das mit den beeindruckenden Ruinen seiner Zitadelle weithin sichtbar auf einem Felsplateau liegt. Früher brach man hier einen weichen Stein, der bei Bildhauern sehr beliebt war. Außerdem wurde in dieser Gegend Bauxit (Aluminiumerz) entdeckt, zu dessen Abbau bereits im Jahr 1822 Minen angelegt wurden.

In den engen Gassen von Les Baux laden mindestens sechs Museen zum Besuch ein, die den unterschiedlichsten Themen gewidmet sind: den *santons* (bemalte Tonfigürchen), dem Zirkus, mittelalterlichen Büchern, zeitgenössischer Kunst oder der Lokalgeschichte der Provence. Wer von so viel Kultur müde geworden ist, kann in einem der vielen Restaurants Zuflucht suchen, ist die Stadt doch bekannt für ihre gute Küche.

Rechts: *Hoch über Les Baux thront eine Zitadelle aus dem 11. Jahrhundert. Sie wird als «Ville Morte» bezeichnet und kann nur zu Fuß erreicht werden.*

Oben: *Dieser idyllische Fleck im historischen Saint-Rémy-de-Provence lädt zu einer wohlverdienten Ruhepause ein.*

In früheren Zeiten hatte Les Baux 6000 Einwohner. Das Schloß wurde von mächtigen *seigneurs* bewohnt, die Herrscher über rund 70 Dörfer in Südfrankreich waren. Ihre Geschichte ist geprägt von Kriegen und Verrat, doch sie veranstalteten auch elegante Feste und erwiesen wandernden Troubadouren ihre Gastfreundschaft. Der Untergang der Dynastie bedeutete zugleich das Ende des Schlosses, das 1632 von Ludwig XIII. zerstört wurde. Zwischen den Ruinen stehen noch mehrere Türme sowie das Burgverlies, das Hospiz und zwei Kapellen.

Zu Füßen des Dorfes liegen mehrere Weinberge, darunter Mas Sainte Berthe und Mas de la Dame. Doch generell machen hier Oliven den Trauben das Land streitig. In Maussane-Les-Alpilles gibt es eine Olivenöl-Genossenschaft, und Mouriès, die nächste Ortschaft Richtung Osten, ist die Gemeinde mit der größten Olivenanbaufläche in Frankreich.

Vor der Rückfahrt nach Salon-de-Provence sollten Sie in Lançon-Provence haltmachen. Die auf einem Hügel gelegene Stadt ist zwar von modernen Wohnvierteln umgeben, doch wird sie überragt von einem Schloß, dessen verfallene Befestigungsanlagen zum Teil aus dem 14. Jahrhundert stammen. Sechs Kilometer südlich liegt an der D 21 Château de Calissanne, eines der bekanntesten Weingüter der Coteaux d'Aix-en-Provence.

Coteaux d'Aix-en-Provence

Die Weinregion Coteaux d'Aix-en-Provence erstreckt sich über eine Fläche von rund 3700 Hektar und umfaßt mindestens 40 Gemeinden. Mit Ausnahme der Orte Artigues und Rians, die zum Var gehören, liegen sie alle im Departement Bouches-du-Rhône. Die ersten Cabernet-Sauvignon-Reben dieser Region kultivierte Georges Brunet in seinem Weingut Château Vignelaure in Rians. Brunet, der zuvor in Bordeaux das Château La Lagune geleitet hatte, baute seine Weinreben organisch an, das heißt unter Verzicht auf Unkrautvernichtungsmittel und Insektizide. Das Experiment war ein durchschlagender Erfolg und brachte für die Cabernet-Sauvignon-Traube die offizielle Zulassung für die Appellation contrôlée Coteaux d'Aix-en-Provence.

Unten: *Das Schloß La Barben beeindruckt den Besucher mit seiner luxuriösen Einrichtung. Es besitzt außerdem prächtige Gartenanlagen und einen Zoo.*

Zur großen Enttäuschung der Winzer rund um Aix-en-Provence wurde ihre Region aber nicht schon 1977 aufgewertet, als Côtes de Provence den Status Appellation contrôlée erhielt. Erst 1985 war es endlich soweit. Als Grund für die Verzögerung nannte Paris die »Heterogenität« der Weingärten – sie wiesen zu viele verschiedene Stile auf.

Heute ist Coteaux d'Aix-en-Provence ein bedeutendes Anbaugebiet mit ansprechenden Weinen. Rosés machen etwa die Hälfte, Rotweine mehr als 40 Prozent der Erzeugung aus. Viele Rotweine verdanken ihren besonderen Charakter der Cabernet-Sauvignon-Traube und werden auf bewußt leichte Art vinifiziert, damit sie schon früh getrunken werden können. Ihr charakteristisches Aroma läßt einen Hauch von Balsam und Wild ahnen. Die Weißweine, die momentan nur fünf Prozent der Produktion ausmachen, werden zunehmend interessanter. Viele enthalten außer Ugni blanc, dem traditionellen Leistungsträger der Region, auch Sémillon oder Sauvignon blanc.

COTEAUX D'AIX

HOTELS

Le Bois Saint-Hubert
Rians, Tel. 4 94 80 31 00
Kleines, geschmackvoll eingerichtetes Hotel an der D 3 auf großem Grundstück. Ruhige Lage. Schwimmbad und Terrasse. Das schicke Restaurant bietet köstliche, raffinierte Gerichte an.

Le Mas des Ecureuils
Quartier Valcros, Les Milles, Aix-en-Provence, Tel. 4 42 24 40 48
Der kleine Vorort Les Milles liegt südwestlich von Aix. Man erreicht ihn über die Autobahn Richtung Marseille. Folgen Sie unbedingt der Beschilderung. Das Hotel liegt auf einem bewaldeten Hügel und verfügt über 25 Zimmer in kleinen, schlichten Bungalows. Das hauseigene Restaurant La Carraire serviert recht einfache Speisen.

Hôtel des Quatre Dauphins
54, rue Roux-Alphéran, Aix-en-Provence Tel. 4 42 38 16 39
Ein Dutzend hübsche Zimmer. Nur 150 Meter vom Cours Mirabeau (Südseite). Kein Restaurant.

RESTAURANTS

Les Bacchanales
10, rue Couronne, Aix-en-Provence Tel. 4 42 27 21 06
Einfallsreiche Küche, reichhaltig und raffiniert. Hervorragende Adresse für Mittag- und Abendessen. Im Herzen der Altstadt.

Brasserie Léopold
2, avenue Victor Hugo, Aix-en-Provence Tel. 4 42 26 01 24
Große Auswahl an Gerichten zu vernünftigen Preisen, z. B. *choucroute* (Sauerkraut) und das beste Beefsteak Tatar in Aix. Vorzüglicher Wein des Monats. Immer gut besucht.

Chez Maxime
12, place Ramus, Aix-en-Provence Tel. 4 42 26 28 51
Zentral gelegen. 500 Weine im Keller. Spezialität sind Fleischgerichte. Auf Wunsch kann man sich vor der Zubereitung aussuchen, welches Stück Fleisch man haben möchte. Ansprechendes Mittagsmenü.

Le Clos de la Violette
10, avenue Violette, Aix-en-Provence Tel. 4 42 23 30 71
Die beste Küche der Stadt. Geschmackvoll eingerichtet. Die Atmosphäre und das Essen sind ein wahrer Genuß. Unbedingt vorbestellen.

Le Mazerin
13, cours Mirabeau, Aix-en-Provence Tel. 4 42 27 62 86
Gute *coquillages* (Schalentiere).

Sowohl die Weiß- als auch die Roséweine der Region sind leicht und delikat, da die Weingärten hier nicht dem unbarmherzigen Mistral ausgesetzt sind. Der treffend benannte *rosé d'une nuit* wird tatsächlich nur eine Nacht lang mit den Schalen der roten Trauben vergoren, was ihm seine zarte Farbe und seine Leichtigkeit verleiht.

Die folgende Tour führt Sie durch einige der schönsten Gegenden dieser Weinregion und zu den Kellern hervorragender Erzeuger. Der Stadt Aix-en-Provence ist ein eigener Abschnitt gewidmet.

Oben: *Der achteckige, aus dem 14. Jahrhundert stammende Glokkenturm der Kirche von Lambesc prägt die Silhouette der Stadt.*

Rechts: *Château Vignelaure, einst das Zuhause des Weinpioniers Georges Brunet.*

Ganz rechts: *Château du Seuil in Puyricard besticht nicht nur durch seine gepflegten Rosé- und Weißweine. Auch die Architekturelemente aus dem 13. Jahrhundert sind sehenswert.*

ZWISCHEN SALON UND AIX

Fahren sie von Salon-de-Provence auf der D 16 in nordwestlicher Richtung nach Aurons. Die kurvige Straße führt durch bewaldete Hügel und über eine karge Hochebene. Die Geschichte des Ortes ist auf einer Tafel nahe der kleinen romanischen Kirche dargestellt. In dem alten Dorf Vieux-Vernègues sind die Ruinen von Häusern und einer romanischen Kirche zu sehen, die durch ein Erdbeben zerstört wurden. Bei klarem Wetter hat man von hier eine herrliche Sicht.

Wenn Sie der D 22 zunächst süd- und dann ostwärts in Richtung Cazan folgen, gelangen Sie nach Château Bas. Zahlreiche Besucher tummeln sich hier, doch sind nicht die guten Weine oder das hübsche Schloß der Grund, sondern die Ruine eines römischen Tempels, die auf einem flachen Hügel hinter dem Adelssitz steht.

Von Cazan aus fahren Sie auf der N 7 nach Lambesc, das in der Geschichte der Provence eine wichtige Rolle spielte. Hier kam zum Beispiel das provenzalische Parlament zusammen. Lambesc wartet heute mit prachtvollen Häusern aus dem 16. bis 18. Jahrhundert sowie einer schönen Kirche mit achteckigem Glockenturm auf. Ganz in der Nähe steht ein weiterer Glockenturm aus poliertem weißem Stein, der einst als Stadttor diente. Gegenüber paddeln in einem kleinen Brunnen Wasserschildkröten. Mehr über die bewegte Geschichte erfahren Sie im Musée du Vieux-Lambesc.

Die Tour wird über den Weinort Saint-Cannat in Richtung Rognes fortgesetzt. Schon bei der Einfahrt nach Rognes fällt der ockerfarbene Stein auf, für den der Ort ebenso bekannt ist wie für seinen Wein. Die Dorfkirche wirkt von außen reichlich streng, ihr Inneres ist jedoch üppig ausgestattet. Nicht weit vom Ortskern findet man die Kapelle und die Einsiedelei von Saint-Marcellin, die aus dem 12. beziehungsweise 14. Jahrhundert stammen und sorgfältig restauriert wurden. Am zweiten Sonntag im September findet ein Erntedankfest mit anschließendem Festessen statt. In bestimmten Jahren veranstalten die Win-

Les Olivarelles
Rognes, Tel. 4 42 50 24 27
Landgasthof mit traditionellen Gerichten, z. B. Kaninchen.

Le Réal
Jouques, Tel. 4 42 67 60 85
Hübsches Dorfgasthaus mit ländlicher Atmosphäre. Spezialität sind traditionelle regionale Gerichte und Wild.

Les Souvenirs d'Avenir
Rians, Tel. 4 94 80 50 15
Nahe der Kirche in der Ortsmitte von Rians mit Blick auf einen kleinen Platz samt Brunnen. Bei schönem Wetter kann man draußen essen. Ländliche Küche zu angemessenen Preisen.

MÄRKTE

Jouques und **Le Puy-Sainte-Réparade** – Sonntag
Lambesc – Freitag
Meyrargues und **Rognes** – Mittwoch

REISETIP

La Barben – Ein Schloß zwischen Salon und Saint-Cannat an der D 572. Herrliche Möbel und Wandteppiche sowie ein schöner, von Le Nôtre entworfener Garten. Außerdem gibt es einen Tiergarten mit einem weißen Rhinozeros.

VERANSTALTUNG

Aix-en-Provence – Musikfestivals im Juli und August.

EMPFOHLENE ERZEUGER

AURONS
Château Petit Sonnallier
Ein Weingut aus dem 18. Jahrhundert, dessen Geschichte bis ins 12. Jahrhundert zurückreicht. Attraktive Waldlage. Gut gemachter Rosé.

VERNEGUES
Château Bas
Hier stand einst ein antiker Tempel. Der beste Wein ist die rote Cuvée du Temple aus Cabernet Sauvignon und Syrah, die wegen ihrer Geschmeidigkeit und Haltbarkeit geschätzt wird.

LAMBESC
Château de Calavon
Einstiges Schloß der Prinzen von Orange. Kalkhaltiger Boden, auf dem hochwertige Rotweine erzeugt werden. Bemerkenswert ist die Cuvée Spéciale.

Domaine des Béates
Das Gut, ein ehemaliges Kloster, produziert auf organischer Basis Weine unterschiedlicher Qualität. Eine angenehme Überraschung ist der weiße Clos Saint Eldrad. Der Roséwein Réserve du Grand Ecuyer ist ein Fest für die Sinne.

SAINT-CANNAT
Château de Beaupré
Die *bastide* von 1739 liegt in einem riesigen Park. Der Weingarten wurde 1890 angelegt. Die Weißweine reifen in neuen Eichenfässern, um einen reichhaltigen, bordeauxähnlichen Stil zu erhalten. Eines der Spitzenweingüter der Coteaux d'Aix-en-Provence.
Commanderie de la Bargemonne
Sehr zuverlässig. Der beste Rotwein ist Cuvée Tournebride.

ROGNES
Château de Beaulieu
Wie der Name ahnen läßt, ist dieses Gut herrlich gelegen und von Wäldern umgeben. Gute Rosé- und Weißweine. Die Rotweine werden aus Cabernet Sauvignon gemacht.
Château Barbebelle
Weiße Cuvée Jas d'Amour aus Cabernet Sauvignon, rote Cuvée Réserve und angenehmer Roséwein.

LE PUY-SAINTE-REPARADE
Château la Coste
Ein großes Gut mit umfangreicher Auswahl. Einer der besten Weine ist die weiße Cuvée Lisa. Auch guter Blanc de Blancs.
Château de Fonscolombe
Reine, elegante Coteaux d'Aix-en-Provence (Cuvée Spéciale ist der beste Rotwein) und andere Weine, darunter gefällige Vins de pays. Erkundigen Sie sich im Laden, ob das im 19. Jahrhundert renovierte Schloß und sein herrlicher Park zu besichtigen sind.
Domaine Les Bastides
Empfehlenswert ist die rote Cuvée Spéciale.

PUYRICARD
Château du Seuil
Der älteste Teil des Schlosses stammt aus dem 13. Jahrhundert. Die Reben werden in recht hohen Lagen angebaut. Erzeugt Rotweine, einen ansprechenden Blanc Prestige und einen duftigen Rosé.
Domaine de St-Julien les Vignes
Eine *bastide* aus dem 18. Jahrhundert. Gute Rot- und charaktervolle Weißweine.

MEYRARGUES
Château de Vauclaire
Roséwein aus 100 % Grenache-Trauben, die ihm eine orangefarbene Tönung und ein Bukett von getrockneten Aprikosen verleihen.

JOUQUES
Château Revelette
Teure, in Holzfässern gereifte Weine wie Le Grand Blanc und Le Grand Rouge.

zer vor Rognes Mitte Juli ein Bankett zu Ehren der Appellation contrôlée Coteaux d'Aix-en-Provence.

Von Rognes aus lohnt sich ein Abstecher nach Château de Beaulieu mit einem schönen Gutshaus inmitten von Wald und Weingärten, aus denen exzellente Weine kommen. Auf dem Rückweg könnten Sie auch Château Barbebelle, einem der ältesten Weingüter in der Region Aix, einen kurzen Besuch abstatten.

Setzen Sie Ihre Fahrt auf der D 15 nach Le Puy-Sainte-Réparade fort. Der Ort selbst ist relativ uninteressant, macht diesen Mangel allerdings durch seine hervorragenden Weingüter wett. Das Château de Fonscolombe liegt wenige Kilometer östlich an der D 13. Für gewöhnlich stehen Besuchern nur der Weinkeller und die Verkaufsräume offen, es lohnt sich jedoch zu fragen, ob man das Schloß besichtigen darf. Es wurde im 19. Jahrhundert renoviert und eingebettet in eine üppige Parklandschaft.

Die D 14 führt von Le Puy-Sainte-Réparade nach Puyricard, dem letzten Halt vor Aix-en-Provence. In dieser Gemeinde, deren romanische Kirche einen offenen Glokkenturm besitzt, liegen mehrere Weingüter, darunter Château du Seuil. Wenn Sie noch mehr Zeit hier verbringen möchten, sollten Sie nach Le Puy-Sainte-Réparade zurückkehren und in östlicher Richtung weiterfahren, um andere Weinorte wie zum Beispiels Rians zu besuchen.

Links: *Hier in Rognes stehen Weinreben im Mittelpunkt des täglichen Lebens. Zahlreiche Festlichkeiten sind dem Wein gewidmet.*

Unten: *Das im letzten Jahrhundert erbaute Château de Fonscolombe erinnert an ein Märchenschloß. Auf diesem Gut werden einige hervorragende rote Coteaux-d'Aix-Weine erzeugt.*

Ansonsten fährt man nach Meyrargues im Durancetal und streift bei der Weiterfahrt auf der N 96 Peyrolles mit seinem markanten Schloß aus dem 17. Jahrhundert, das heute als Rathaus dient. Nach Jouques können Sie entweder hier auf die D 561 oder etwas später auf die D 61 abbiegen, letztere eine schmale, doch landschaftlich schönere Straße, die an malerischen Gärten vorbeiführt. An der Straße nach Rians liegen zwei Weingüter, Château Pigoudet und Château Vignelaure, das für seine Cabernet-Sauvignon-Weine berühmt ist.

Domaine de la Grande Séouve
Erzeugt unter anderem einen guten, in Holzfässern gereiften Rotwein.

RIANS

Château Pigoudet
Die rote Cuvée de la Chapelle ist ein ausgesprochen angenehmer Wein aus Cabernet-Sauvignon- und Syrah-Trauben. Außerdem guter Roséwein. Das Gutshaus wurde auf den Fundamenten einer römischen Villa erbaut. Beachten Sie die uralten libanesischen Zedern in den nahegelegenen Wäldern.

Château Vignelaure
Der ohnehin schon sehr gute Rotwein hat sich seit Beginn der 90er Jahre unter der Leitung von Hugh Ryman noch verbessert. Der gebürtige Engländer hatte im Südwesten bereits einige Weine aufgewertet und ist bekannt für die auf seinem Gut Château La Jaubertie in Bergerac erzeugten Weine. Der Rotwein von Château Vignelaure wird aus vier Rebsorten hergestellt. La Source de Vignelaure ist der zweite Wein des Guts, ein äußerst fruchtiger Rot- oder Roséwein. Zusammen mit anderen wird der Name Domaine de Vignelaure für den Vin de pays du Var gebraucht, der ausschließlich aus Cabernet Sauvignon gemacht wird und ein Brombeerbukett aufweist. Hier auf Vignelaure kultivierte der ehemalige Besitzer Georges Brunet erstmals in den Coteaux d'Aix Cabernet Sauvignon. An den Wänden der Weinkeller hängen zwischen den Fässern kunstgewerbliche Artikel.

AIX-EN-PROVENCE

HOTELS

Hôtel des Quatre Dauphins
54, rue Roux-Alphéran
Tel. 4 42 38 16 39
12 hübsche Zimmer, nur 150 Meter vom Cours Mirabeau entfernt. Kein Restaurant.

Mercure Paul Cézanne
40, avenue Victor Hugo
Tel. 4 42 23 29 23
Zentral gelegen und schön möbliert. Nur Frühstück. Essen in einem nahe gelegenen Restaurant möglich.

AIX-EN-PROVENCE

Im Jahr 122 v. Chr. gründete der römische Konsul Sextius etwa 30 Kilometer nördlich von Marseille in der Nähe einiger heißer Quellen eine Siedlung namens Aquae Sextius – das jetzige Aix-en-Provence. Zwar ist die Stadt heute von Autobahnen und gesichtslosen Vororten umgeben, doch die Altstadt mit ihren eindrucksvollen Häusern, malerischen Gassen und attraktiven Plätzen hat sich eine unbestreitbare Eleganz bewahrt. Die Kunst spielt im täglichen Leben des Ortes eine wichtige Rolle, und alljährlich finden zahlreiche Kunstfestivals statt. 1839 wurde hier Paul Cézanne geboren, dessen Einfluß in Aix allgegenwärtig ist. Es gibt eine dem Maler gewidmete Führung,

die am Office du Tourisme (Place Général de Gaulle) beginnt. Sie führt unter anderem zu seinen im Musée Granet ausgestellten Gemälden und zu dem Haus, in dem er 1906 gestorben ist. Etwas außerhalb des Stadtzentrums ist das Atelier des Malers zu besichtigen, passenderweise in der Avenue Paul Cézanne.

Mitten durch das Zentrum verläuft der Cours Mirabeau, eine breite Promenade mit Geschäften, Restaurants und Cafés, darunter das berühmte Les Deux Garçons. Der Cours Mirabeau ist *der* Treffpunkt in Aix, und das seit 1792. Paul Cézanne fand sich hier regelmäßig ein, nicht anders Jean Cocteau oder Emile Zola. In der Mitte des Cours sprudelt aus einem bemoosten römischen Brunnen

RESTAURANTS

Les Deux Garçons
53, cours Mirabeau
Tel. 4 42 23 30 71
Berühmt für sein literarisches Klientel. Gutes *brasserie*-Essen, nicht billig.

Les Bacchanales
10, rue Couronne, Tel. 4 42 27 21 06
Innovative Küche, reichhaltig und raffiniert. Eine hervorragende Adresse für Mittag und Abend in der Altstadt.

Unten: *Jeden Sonntag verströmt der farbenfrohe Blumenmarkt auf dem Marktplatz von Aix seinen betörenden Duft.*

Le Mazerin
13, cours Mirabeau
Gute *coquillages* (Schalentiere)

Brasserie Léopold
2, avenue Victor Hugo
Tel. 4 42 26 01 24
Große Auswahl zu vernünftigen Preisen, u. a. *choucroute* und das beste Beef Tatar in Aix. Gute Weine des Monats. Immer voll besetzt.

Chez Maxime
12, place Ramus, Tel. 4 42 26 28 51
Zentral gelegen. Über 500 Weine im Keller. Spezialisiert auf Fleischgerichte. Auch attraktives Mittagsmenu.

Le Clos de la Violette
10, avenue Violette, Tel. 4 42 23 30 71
Die geschmackvolle Einrichtung und die leckeren Gerichte sind ein guter Grund, um hier zu speisen. Vorbestellung ist ratsam.

Rechts oben: *Dieses hübsche alte Steingebäude paßt hervorragend zu den vertrauten Landschaftsbildern von Paul Cézanne in diesem Posterladen in Aix.*

Rechts unten: *Das Café »Les Deux Garçons« ist der beliebteste Treffpunkt in Aix.*

Unten: *Wer hier Kühlung sucht wird enttäuscht: der Brunnen wird von 34 °C warmen Thermalquellen gespeist.*

34 °C warmes Wasser. Der Zugang im Westen wird von einem eindrucksvollen Rundbrunnen aus dem Jahr 1860 akzentuiert. Im Osten steht eine Statue des *bon roi René*, der im 15. Jahrhundert lebte. Der letzte Graf von Provence soll sechs Sprachen beherrscht haben und war in Geologie, Mathematik und Rechtskunde gleichermaßen bewandert. Er tat sich außerdem als Maler, Dichter, Musiker und Weinkundler hervor und gilt als derjenige, der die Muscat-Traube in der Provence einführte. Die Statue zeigt ihn mit einer Traube Weinbeeren in der Hand.

Nördlich des Cours Mirabeau befindet sich ein Labyrinth enger Gassen und Plätze, in dem sich Läden, Kirchen und Museen drängen. Das Musée du Vieil Aix veranschaulicht die Stadtgeschichte und zeigt eine Sammlung von Marionetten und Puppen. Die Kathedrale Saint-Sauveur zeichnet sich durch eine eigenartige Mischung der verschiedensten Stilrichtungen aus und lohnt aufgrund ihrer vielen Kunstschätze einen Besuch. Gegenüber steht das Musée des Tapisseries, der ehemalige Palast des Erzbischofs, der jetzt eine eindrucksvolle Sammlung von Wandteppichen beherbergt. Neben der Kathedrale befinden sich ein romanisches Kloster und eine Taufkapelle. Im Hôtel de Ville ist die Méjanes-Bibliothek untergebracht, die auch Besuchern zugänglich ist. Auf der Place de Verdun, die in der Altstadt vor dem Palais de Justice liegt, findet Dienstag, Donnerstag und Samstag morgens ein Flohmarkt statt. Sonntags dagegen wird hier ein farbenprächtiger, betörend duftender Blumenmarkt abgehalten.

RUE GASTON DE SAPORTA
PROVENCE ANTIQUITES
CEZANNE
OEUVRES GRAVEES
GALERIE du FESTIVAL
AIX en PROVENCE
CEZANNE
MARCEL ARNAUD
GALERIE du FESTIVAL
CÉZANNE

1792 LES DEUX GARCONS
LES DEUX GARCONS
MENU

Palette und der Westen der Côtes de Provence

Etwas östlich von Aix-en-Provence erstreckt sich die kleinste Weinregion der Provence, Palette. Begünstigt durch die Lage auf einem Kalksteinplateau, erzeugt Palette seit jeher edle Weine und erhielt als eine der ersten Gegenden der Provence den Status einer Appellation contrôlée. Das bekannteste Gut hier ist Château Simone, dessen traditionelle Rotweine sich hervorragend für die Flaschenreifung eignen. Die Weine werden meist als hart oder robust charakterisiert, zeigen sie sich doch erst nach Jahren der Flaschenlagerung von ihrer besten Seite. Auf dem Höhepunkt ihrer Reife schmecken sie harzig und erinnern mit ihrem spröden Charakter an einen roten Bordeaux. Auch die Weiß- und Roséweine dieser Appellation erhalten allgemein gute Kritiken und werden wie die Rotweine aus den traditionellen hiesigen Rebsorten gewonnen.

Die Gegend um Palette ist das Tor zu einer atemberaubenden Berglandschaft. In östlicher Richtung führt diese Tour erst in den Südostzipfel der Coteaux d'Aix-en-Provence mit dem kleinen Weinort Trets und dann über die Hochebene nach Saint-Maximin-la-Sainte-Baume, wo bereits die Appellation Coteaux Varois beginnt.

Palette ist nur einen Steinwurf von Aix entfernt. Fahren Sie auf der N 7 in Richtung Fréjus, und biegen Sie auf die D 58 nach Meyreuil ab. Bald darauf weist ein Schild den Weg zum Château Simone, einem rund 400 Jahre alten Schloß, das im letzten Jahrhundert renoviert wurde. Auch heute noch hat man von dort einen herrlichen Blick über die Weinberge – trotz der nahegelegenen Autoroute A 8. Besucher sind auf Château Simone stets willkommen. Doch wer die gute Gelegenheit zum Kauf einiger Flaschen wahrnehmen will, muß sich zuerst an den übereifrigen Wachhunden am Tor vorbeiwagen.

Links: *Die gepflegte Außenansicht des Château Simone, dem bekanntesten Weingut von Palette.*

Oben: *Die Silhouette der Croix de Lorraine, hoch auf einem Gipfel der Montagne Sainte-Victoire.*

PALETTE

RESTAURANT

La Petite Auberge du Tholonet
Le Tholonet, Tel. 4 42 66 84 24
Idyllische Lage auf einem Hügel mit Blick auf das Weingut Château Crémade. Blumige Atmosphäre. Terrasse. Gute regionale Gerichte wie *rougets de beurre au basilic*. Ideal für einen Drink.

EMPFOHLENE ERZEUGER

MEYREUIL
Château Simone
Dieses Gut, das über Keller aus dem 16. Jahrhundert verfügt, ist im Besitz der Familie Roudier, der es 1948 gelang, für Palette den Status einer Appellation contrôlée zu erwirken. Die traditionellen Rotweine erfordern Flaschenreifung. Außerdem fleischige, charaktervolle Weißweine. Weniger interessant ist der Rosé. Das Gut verkauft an Besucher, doch Warnschilder und bellende Hunde wirken nicht gerade einladend. Die Rebfläche umfaßt rund 17 Hektar.

LE THOLONET
Château Crémade
Am Fuß eines Hügels. Auf 6 Hektar Weingärten werden gute, saubere Rot-, Rosé- und Weißweine erzeugt. Die besten sind unter der Bezeichnung Cuvée Antoinette im Handel und reifen in Fässern.

COTES DE PROVENCE

HOTELS

Domaine de Châteauneuf
Nans-les-Pins, Tel. 4 94 78 90 06
Prächtiges Hotel neben dem Golfplatz. Geräumige, stilvolle Zimmer und Suiten. Tennisplätze und Schwimmbad. Hervorragendes Restaurant, das provenzalische Gerichte dem heutigen Geschmack entsprechend interpretiert. Serviert wird je nach Wetter auch auf der schattigen Terrasse. Gehört zu Relais et Châteaux.

Mas de la Bertrande
Beaureceuil, Tel. 4 42 55 75 75
Die 10 geräumigen und komfortablen Zimmer bieten fast alle eine Terrasse mit Blick auf die Montagne Sainte-Victoire. Einladendes Restaurant mit gutem Essen. Schwimmbad.

Hôtel Plaisance
Saint-Maximin-la-Sainte-Baume
Tel. 4 94 78 16 74
Im Stadtzentrum. 13 modern eingerichtete Zimmer. Fragen Sie nach einem Zimmer nach hinten. Freundlicher Service.

Meyreuil liegt zu nahe an einer großen qualmenden Fabrik, um ihm ländlichen Charme zuzugestehen, doch das auf der anderen Seite der N 7 und der Autobahn gelegene Le Tholonet ist sehr hübsch. Das kleine Dorf liegt auf einem Hügel und besitzt einen entzückenden schattigen Park sowie eine Burg aus dem 17. Jahrhundert. Halten Sie kurz vor dem Dorf nach Château Crémade Ausschau, einem Gut mit anerkanntem Ruf und interessanten Weinen.

Cézanne malte gerne in der Gegend um Le Tholonet – wie könnte die Hauptstraße da anders heißen als Avenue Cézanne. Und das Café-Restaurant des Ortes nennt sich Relais Cézanne. Sie befinden sich nun in den Ausläufern der Montagne Sainte-Victoire, die in etlichen von Cézannes Gemälden verewigt sind. Die nächste Etappe führt entlang der Route Cézanne weiter auf der D 17.

Von Le Tholonet windet sich die Straße die Südflanke der Montagne Sainte-Victoire entlang. Zur Linken ragt ein zerklüftetes, weißgraues Felsmassiv auf, zur Rechten dehnen sich sanfte Hügel. Die Montagne Sainte-Victoire besteht nicht aus einem einzelnen Gipfel, sondern aus einem Bergrücken, der sich über rund zwölf Kilometer nach Osten erstreckt. Die erste Ortschaft ist Beaureceuil, das

Links: *Die Rebstöcke des Château Crémade vor einer prächtigen Kulisse aus Kalkstein. Dem kalkhaltigen Boden verdanken die Weine der AOC Palette ihre Qualität.*

Unten: *Ein sonniger Winkel erwartet den durstigen Reisenden, der in Château Crémade, unweit der Abtei von Le Tholonet, zur Weinprobe erscheint.*

wegen seiner hübschen Hotels und Restaurants von Interesse ist. Ein Stück weiter liegt der Parc de Roques-Hautes, der Ausgangspunkt für zahlreiche Bergwanderungen. Den besten Ausblick genießt man von der Croix de Provence, einem Gipfelkreuz rund 1000 Meter über dem Talboden. Das Metallkreuz ist knapp 20 Meter hoch und ein Zeichen der Dankbarkeit der Provenzalen dafür, daß ihnen während des Deutsch-Französischen Kriegs (1870–1871) die Besatzung erspart blieb.

Relais Sainte-Victoire
Beaureceuil, Tel. 4 42 66 94 98
10 klassisch ausgestattete Zimmer und Suiten. Schöne Bäder. Hübscher Speisesaal. Raffinierte regionale Gerichte. Schwimmbad.

RESTAURANTS

Bar du Var
Pourrières, Tel. 4 94 78 40 08
Hervorragende Adresse für ein einfaches, preiswertes Mittagessen. Serviert je nach Saison frische Schalentiere. Wird auch Chez Claude genannt.

La Brioche Provençale
Nans-les-Pins, Tel. 4 94 78 90 38
An der Straße nach La-Sainte-Baume. Unprätentiöse und preiswerte provenzalische Kost (vermeiden Sie aber das *omelette sibérienne*). Schattige Terrasse.

Les Cèdres
Plan d'Aups, Tel. 4 42 04 50 03
Regionale Küche mit mehr als großzügigen Portionen und sehr vernünftigen Preisen.

Chez Nous
Saint-Maximin-la-Sainte-Baume
Tel. 4 94 78 02 57
Das beste Lokal vor Ort wird von Roland Paix geleitet. Große Portionen und Zutaten frisch vom Markt. An den Wänden hängen farbenfrohe Gemälde von Dörfern der Umgebung.

Le Clos Gourmand
Trets, Tel. 4 42 61 33 72
Das Essen ist hier traditioneller als die Inneneinrichtung.

Delikatessen
Puylubier, Tel. 4 94 78 49 01
An der Südseite des Ortes. Biegen Sie an der Genossenschaft ab. Die angebotenen Gerichte sind eine Mischung aus traditioneller und moderner Küche. Das Ergebnis ist hervorragend.

Golf de la Sainte-Baume
Nans-les-Pins, Tel. 4 94 78 60 12
Im Clubhaus sind auch Nichtgolfer zum Mittagessen willkommen. Köstliche Salate, warme Gerichte und ein preiswertes Tagesmenü.

Oben: *Die zerklüfteten, abweisenden Höhen des Massif de la Sainte-Baume sollen Maria Magdalena als Zufluchtsort gedient haben.*

Rechts: *Im Château Simone wird die Lese abgewogen und die Qualität der Trauben überprüft.*

Hôtel de France
Saint-Maximin-la-Sainte-Baume
Tel. 4 94 78 00 14
Gutes, einfaches Essen, das auch im Garten serviert wird. Außerdem ein Hotel mit Schwimmbad. (Die Straße ist stark befahren. Sie sollten ein Zimmer nach hinten reservieren.)

MÄRKTE

Nans-les-Pins – Sonntag
Saint-Maximin-la-Sainte-Baume und **Trets** – Mittwoch

REISETIPS

La Provençale – Eine große Destillerie in Saint-Maximin, die *marc* (Tresterschnaps) und Weinbrand erzeugt.
Nans-les-Pins – Herrlicher Golfplatz (Golf de la Sainte-Beaume).

EMPFOHLENE ERZEUGER

PUYLOUBIER
Château Baron Georges
In der Nähe der Montagne Sainte-Victoire. Erzeugt auch Coteaux Varois. Versuchen Sie die vollaromatischen roten und rosé Côtes de Provence.
Coopérative Domaine Richeaume
Geschmackvoll angelegte Domaine, die hervorragende Weine aus

Durchqueren Sie den Weiler Saint-Antonin-sur-Bayon, und fahren Sie von dort weiter nach Puyloubier. Unterhalb der Straße erstrecken sich die Weinberge der hier beginnenden Region Côtes de Provence. Pourrières, der nächste Ort auf unserer Strecke, schmiegt sich an eine Hügelflanke unterhalb der Burgruine von Glandève. Von dort geht es weiter nach Trets.

Das Zentrum von Trets ist von den Resten einer mittelalterlichen Stadtmauer umgeben, die von kantigen Toren aus dem 14. Jahrhundert durchbrochen wird. Trets besitzt einige mittelalterliche Gebäude, darunter eine Synagoge aus dem 13. Jahrhundert. Der gewaltige Uhrturm der teils romanischen Kirche und die Burg stammen aus dem 15. Jahrhundert. Ab Trets ist der Weg zum östlich der Stadt gelegenen Weingut Château Grand'Boise ausgeschildert.

Die D 6 führt weiter in Richtung Pourcieux. Unterwegs kommt man am Gut Château Ferry-Lacombe vorbei, dessen Geschichte bis ins 15. Jahrhundert zurückreicht. Es heißt, Pourcieux habe seinen Namen vom lateinischen Wort für Schweinestall, lebte der Ort einst doch hauptsächlich von der Schweinezucht. Heute sind die gallo-romanischen Grabstätten (auf der Ostseite, La Bastide Blanche) einen Besuch wert. Folgt man der Beschilderung nach Saint-Maximin, gelangt man zum Château de Pourcieux, einem mauerumfriedeten Weingut aus dem 18. Jahrhundert, das einen sehr guten Ruf genießt.

Zwischen den Bergketten Sainte-Victoire und Sainte-Baume erstreckt sich eine fruchtbare Ebene, in der alle Arten von Obst und Gemüse gedeihen. Die Gegend ist im Hinblick auf Wein gewissermaßen Niemandsland, da die Appellation Coteaux d'Aix-en-Provence hier in die Appellation Coteaux Varois übergeht. Landschaftlich ist die Fahrt durch die Berge einfach herrlich. *Baoumo* ist ein uraltes provenzalisches Wort für Höhle, und tatsächlich zieht es seit langem Pilger zur Höhle der heiligen Maria Magdale-

na, die hier die letzten Jahre ihres Lebens als Einsiedlerin verbracht haben soll. Jedes Jahr kommen Hunderte von Besuchern, um an ihrem Namenstag, dem 22. Juli, der Mitternachtsmesse beizuwohnen.

Bei der Ankunft in Saint-Maximin-la-Sainte-Baume ist die eindrucksvolle gotische Basilika Sainte Marie-Madeleine kaum zu übersehen. Das Gotteshaus, dessen Bauzeit 240 Jahre betrug (1295–1532), fällt zunächst durch sein strenges Erscheinungsbild auf. Dieser Eindruck wird im Inneren jedoch durch das wundervolle gedämpfte Licht gemildert, das durch die schmalen Fenster dringt. Neben der Kirche steht ein Dominikanerkloster, dessen ehemaliges Gästehaus seit der Revolution als Rathaus dient.

Von Saint-Maximin sollten Sie auf der N 560 und der D 80 in Richtung des Massif de la Sainte-Baume weiterfahren. Ungefähr auf halber Strecke liegt Nans-les-Pins. Zahlreiche Könige, darunter Franz I. und Ludwig XIV., statteten diesem bezaubernden Ort während ihrer Wallfahrt zur Höhle von La Sainte-Baume einen Besuch ab. Falls Sie die berühmte Höhle besichtigen möchten, fahren Sie auf der D 80 nach Plan d'Aups. Wein hat sich hier erst im Lauf der letzten Jahre zu einem bedeutenden Erzeugnis entwickelt. Hauptprodukte der Region waren einst Oliven, Obst und sogar Holzkohle.

Wieder in Nans-les-Pins, folgt man der kurvenreichen, aber malerischen D 80 nach Süden in Richtung Küste und nimmt dann die N 560, um sich die Gegend um Cassis näher anzusehen. Alternativ können Sie von hier aus auch in Richtung Osten fahren.

organischem Anbau produziert. Darunter rosé und roter Cabernet Sauvignon sowie roter Syrah.

Domaine de Saint-Ser
Am Fuß der Montagne Sainte-Victoire. Stilvolle, elegante rote Côtes de Provence und ein köstlicher frischer Rosé.

POURRIERES

Domaine Silvy
Interessanter Rotwein mit würzigem Bukett, der ein bis zwei Jahre reifen sollte.

TRETS

Château Coussin
Wunderschön erhaltenes Schloß. Exzellente Rotweine mit Reifepotential und leichte, stilvolle Roséweine.

Château Ferry-Lacombe
Versuchen Sie die rote, weiße und rosé Cuvée Lou Pascal. Das hiesige Zweitetikett heißt Les Hauts de Lacombe.

Château Grand'Boise
Die Cuvées, die dieses am Hang gelegene Gut erzeugt, sind bedeutend besser als seine gewöhnlichen Weine. Versuchen Sie die Rot- und Weißweine mit der Bezeichnung Cuvée Mazanine.

Mas de Cadenet
Der Rosé Mas Negrel Cadenet wird in Holzfässern ausgebaut, was ihm einen ganz eigenen Charakter verleiht. Versuchen Sie den Weißwein, der ein klassisches Beispiel seiner Art ist – duftend und vollmundig. Das Gut stellt außerdem Gemälde und Fossilien aus.

POURCIEUX

Château de Pourcieux
Faszinierendes Schloß mit klassischer Gartenanlage. Der Weißwein schmeckt angeblich nach Bananen – überzeugen Sie sich selbst.

SAINT-MAXIMIN-LA-SAINTE-BAUME

Domaine du Deffends
Hervorragender Clos de la Truffière. Die bei diesem Rotwein hauptsächlich verwendeten Rebsorten sind Cabernet Sauvignon und Syrah.

Domaine de Saint-Jean-le-Vieux
Rote Cuvée du Grand Clos. Auch der weiße Vin de pays du Var ist einen Versuch wert.

NANS-LES-PINS

Domaine de Triennes
Ein Dreigespann aus Burgund erzeugt hier eine Reihe hervorragender Weine (alle Vin de pays du Var). Les Auréliens ist eine lebendige Kombination aus Cabernet Sauvignon und Syrah. Außerdem wird reiner Syrah und seit 1991 Chardonnay Clos Barry sowie ein exzellenter Viognier produziert. Spitzenweingut.

Côtes du Lubéron

Die Weinregion Côtes du Lubéron beginnt nur 20 Kilometer nördlich von Aix-en-Provence. Das einst eher unbedeutende Gebiet war früher Teil der Appellation Côtes du Rhône. Die Syrah-Traube ist die beliebteste Grundlage der Rotweine, die teilweise Reifepotential besitzen, sich jedoch auch zum sofortigen Genuß eignen.

Die Durance, quasi der «Grenzfluß» zwischen den Departements Bouches-du-Rhône und Vaucluse, trennt auch Lubéron und Coteaux d'Aix-en-Provence. Daß in diesem Gebiet bereits seit der Römerzeit Wein hergestellt wird, beweisen ein hier entdeckter Sarkophag mit Bacchus-Darstellungen und ein Flachrelief, das den frühen Weinhandel in Gallien zeigt.

Die Appellation contrôlée Côtes du Lubéron besteht erst seit 1988 und ist mit ihren 3500 Hektar etwas kleiner als Coteaux d'Aix-en-Provence. Im Gegensatz zur südlichen Nachbarregion dominieren hier Genossenschaften zu 90 Prozent die Erzeugung. Die besten Weine werden jedoch normalerweise von privaten Winzern erzeugt. Da die im folgenden Kapitel beschriebene Route sich vorrangig auf diese qualitätsvollen privaten Weingüter bezieht, führt sie auch eher in den südlichen Lubéron (einschließlich Apt). Dort werden in erster Linie Rotweine gekeltert, und zwar sowohl fruchtige Stile, die jung getrunken werden sollten, als auch in Holzfässern gereifte Tropfen. Die Qualität der Rosé- und Weißweine verbessert sich kontinuierlich.

Der 1977 gegründete Parc Naturel Régional du Lubéron zieht sich quer durch die Region. Zu ihm gehören 51 Dörfer und Städte mit 90 000 Einwohnern und ein Gebiet von 130 000 Hektar – ein Drittel des Departement Vaucluse. In der Mitte dieses Naturparks erhebt sich die Montagne du Lubéron, ein Kalksteingebirge mit Gipfeln von über 1100 Metern Höhe, an dessen Nord- und Süd-

Links: *Sorgfältig gepflegte Apfelbäume kontrastieren mit der wilden Schönheit der bewaldeten Hänge des Lubéron.*

Oben: *In Apt werden hochwertige Trockenfrüchte hergestellt, darunter Kirschen, Aprikosen, Pflaumen und Reneklöden.*

COTES DU LUBERON

HOTELS

Auberge du Lubéron
8, place du Faubourg de Ballet
Apt, Tel. 4 90 74 12 50
In der Nähe der Altstadt. 15 akzeptable Zimmer. Gutes Restaurant mit Terrasse. Regionale Gerichte aus frischen Zutaten. Garage.

L'Etang
Cucuron, Tel. 4 90 77 21 25
Gemütlicher Landgasthof mit 8 Zimmern. Serviert werden köstliche traditionelle Gerichte zu recht vernünftigen Preisen.

Hôtel de Guilles
Lourmarin, Tel. 4 90 68 30 55
Tief im Hinterland an der Straße nach Vaugines. Bezaubernde Zimmer, einige mit Aussicht. Das Frühstück wird in einem Wintergarten voller Blumen neben dem Schwimmbad serviert. Das Restaurant bietet regionale Gerichte wie etwa Lammschulter mit Kräutern der Provence.

Le Jardin d'Ansouis
Ansouis, Tel. 4 90 09 89 27
Sehr guter *gîte rural* (Pension) in der Altstadt. Unweit vom Parkplatz. Zwei Zimmer. Abendessen auf Wunsch. Im Sommer mit Café.

Rechts: *Das Bergdorf Ansouis bietet schwindelerregende Blicke hinab ins Flußtal.*

Unten: *In den befestigten Orten des Lubéron sind selbst die Gärten terrassenförmig angelegt.*

flanke Wein angebaut wird. Die Rebflächen liegen in wunderschöner Landschaft – Wälder und Wiesen voller Wildblumen und Kräuter prägen das Bild.

DURCH DEN LUBERON

Von Aix-en-Provence fahren Sie auf der D 556 nördlich nach Pertuis. Der größte Ort des südlichen Lubéron liegt auf einer Hügelkuppe, und man erkennt seine charakteristische Silhouette mit dem Glockenturm und den Ruinen einer Burg aus dem 12. Jahrhundert schon von fern. Die Kirche Saint-Nicolas wurde seit dem 14. Jahrhundert mehrmals umgebaut und beherbergt zahlreiche Kunstschätze sowie eine unter Denkmalschutz stehende Orgel. Im Stadtzentrum stehen einige überaus vornehme Häuser, darunter ein nach Reine Jeanne benanntes Eckhaus aus dem 16. Jahrhundert. An der Südwestseite von Pertuis sind noch Reste der Stadtmauer zu sehen.

Nehmen Sie von hier die D 973 in Richtung Cadenet. Die Abzweigung zu dem bedeutenden Weingut Château Val Joanis liegt kurz hinter Pertuis. In Villelaure stoßen Sie auf die Ruinen eines Schlosses aus dem 16. Jahrhundert, das dem von La Tour-d'Aigues nachempfunden wurde. Auch das riesige Mustergut La Fabrique, ein quadratischer Gebäudekomplex von 1832, ist unbedingt sehenswert. Cadenet liegt geradezu dramatisch am Fuß einer Felswand, auf deren Gipfel die Mauerreste und der Turm einer Burg thronen. Auf der Nordseite wurden Gänge und Höhlenwohnungen in den Fels gehauen. Den Dorfplatz ziert eine Statue des Trommlerjungen von Arcole, der als Fünfzehnjähriger sein Bataillon in die Schlacht führte.

Von Cadenet aus sollten Weinliebhaber einen kleinen Abstecher nach Puget-sur-Durance machen, um das eindrucksvolle Weingut Château la Verrerie zu besuchen. Dann geht es über die D 943 weiter nach Lourmarin, einem der schönsten Dörfer des Lubéron. Lourmarin ist ein überschaubarer Ort mit engen, malerischen Gassen und schönen Häusern aus dem 16. und 17. Jahrhundert, von denen viele zu Künstlerwerkstätten und Galerien umgewandelt wurden. Hübsche kleine Plätze, ein auf den Fundamenten einer alten Burg errichteter Glockenturm, ein Brunnen aus dem 18. Jahrhundert sowie eine in Teilen romanische Kirche runden das Bild ab. Die Straße hinter der Kirche führt zu einem von der Familie d'Agoult erbauten Schloß, das schöne Möbel und Kamine sowie eine Sammlung von Musikinstrumenten birgt. Auf dem Dorffriedhof liegt der Literaturnobelpreisträger Albert Camus (1913–1960) begraben.

In nördlicher Richtung folgt die D 943 dem Verlauf einer Schlucht durch die Montagne du Lubéron. Biegen Sie links auf die D 36 nach Bonnieux ab. Das bereits in vorrömischer Zeit gegründete Dorf mit seiner Burgruine und seinen zwei mittelalterlichen Kirchen liegt malerisch auf einem Hügel. Möchten Sie Einzelheiten über die Kunst des Brotbackens erfahren oder eine alte Bäckerei

Oben: *Die Kirche von Lourmarin. Auf dem hiesigen Friedhof liegen der Schriftsteller und Philosoph Albert Camus sowie seine Frau begraben.*

Le Moulin de Lourmarin
Lourmarin, Tel. 4 90 68 06 69
Wundervolles Hotel in einer alten Ölmühle am Rand der Altstadt. Etwa 20 geschmackvoll eingerichtete Zimmer mit allem Komfort (einschließlich Klimaanlage). Im eleganten Speisesaal, einem Gewölberaum, serviert man raffinierte Gerichte.

Le Prieuré
Bonnieux, Tel. 4 90 75 80 78
Ehemalige Abtei mit 10 klassisch eingerichteten Zimmern. Der Empfang der Gäste gerät manchmal etwas förmlich. Restaurant. Bei schönem Wetter wird im Freien gegessen.

Sévan
Avenue Verdun, Pertuis
Tel. 4 90 79 35 77
An der Straße nach Manosque. Eher zweckmäßig als gemütlich. 35 Zimmer, Schwimmbad, Tennisplatz. Das hauseigene Restaurant L'Olivier ist eines der besten vor Ort, aber nicht außergewöhnlich.

RESTAURANTS

Auberge de la Loube
Buoux, Tel. 4 90 74 19 58
Sehr beliebtes Restaurant in einem Bauernhaus aus dem 17. Jahrhundert. Einige *hors d'œuvres* umfassen 15 Gerichte. Die Hauptspeisen sind typisch provenzalisch. Die Auberge besitzt ein Automuseum. Buoux liegt in einem Flußtal zwischen Lourmarin und Apt.

La Fenière
Lourmarin, Tel. 4 90 68 11 79
Mitten im Ort. Oberkellner alter Schule, stilvolle Inneneinrichtung, leiser Jazz. Einfallsreiche köstliche Gerichte sowie eher traditionelle Speisen (z. B. Eintopf). Sehr preiswerte Menüs.

Oben: *Diese hervorragend erhaltene Brücke, der Pont Julien, stammt noch aus der Römerzeit.*

Rechts: *Der bezaubernde Ort Lourmarin ist ein vielbesuchtes Touristenziel. Auch zahlreiche Künstler leben hier.*

bewundern, dann besuchen Sie das Musée de la Boulangerie. Sechs Kilometer hinter dem Ort, an der D 149, steht der nach Julius Cäsar benannte Pont Julien, eine der besterhaltenen römischen Brücken in der Provence.

Bei der Weiterfahrt auf der D 3 von Bonnieux nach Apt kommt man an den vier Weingütern Château de l'Isolette, Château de Mille, Domaine de Mayol und Domaine des Andes vorbei. Nach der ländlichen Atmosphäre und der relativen Ruhe der Orte, die Sie gerade hinter sich gelassen haben, ist das rege Treiben in Apt beinahe ein Schock. Die Altstadt jedoch, und da besonders die reichverzierte Kathedrale von Sainte-Anne mit ihrem romanischen Turm, ist einen Besuch wert. Außerdem besitzt Apt das Musée Archéologique, in dem Reste eines galloromanischen Theaters zu sehen sind, und das in der Maison du Parc untergebrachte Musée de la Paléontologie mit einer Sammlung prähistorischer Tiere.

Wer sich für Korkenzieher begeistert, sollte einen Abstecher zur Domaine de la Citadelle in Ménerbes machen, die eine beachtliche Sammlung von *tire-bouchons* beherbergt. Einige der rund 1000 oft einzigartigen Exponate stammen sogar aus dem 17. Jahrhundert. Außerhalb der Domaine gibt es einen Garten, in dem man beispielhaft die in der Region kultivierten Weinreben betrachten kann, sowie eine umfangreiche Bibliothek zum Thema Wein.

Sollten Sie sich nicht für Korkenzieher interessieren, nehmen Sie die D 943 von Apt nach Lourmarin. Auf der Fahrt durch die Berglandschaft des Lubéron sehen Sie zu Ihrer Linken die Prieuré de Saint Symphorien und eine restaurierte romanische Kapelle. Von Lourmarin geht es auf der D 56 weiter nach Vaugines. Dieser uralte Weiler

Le Fournil
Bonnieux, Tel. 4 90 75 83 62
Großartiges Restaurant mit Terrasse. Blick auf einen kleinen Platz im Ortskern. Sorgfältig zubereitete regionale Küche, die einem das Wasser im Mund zusammenlaufen läßt.

Maison Ollier
Lourmarin, Tel. 4 90 68 02 03
Genießen Sie die mediterranen Gerichte (manchmal italienisch angehaucht). Freundlicher Service. Kleiner Garten.

Stéphani
Cadenet, Tel. 4 90 68 07 14
Speisesaal mit modernem Dekor und Ausblick. Frische Zutaten und eine Speisekarte, die sich nach dem Angebot der Saison richtet.

VERANSTALTUNGEN

Cartoonfestival in Pertuis – Mai.
Blumenumzug in Pertuis – 1. Juniwochenende.
Konzerte – Zwischen Juli und August im Schloß von Lourmarin.

Rechts: *In dem aus dem 16. Jahrhundert stammenden Schloß von Lourmarin hält die Universität Aix heute Seminare und Konzerte ab.*

Rechts unten: *In Sisteron überspannt eine einzige Brücke die mächtige Durance. Der Ort ist das Tor von den Voralpen zur Provence.*

MÄRKTE

Pertuis – Täglich
Cadenet – Montag; außerdem April bis Oktober samstags Bauernmarkt
Bonnieux – Freitag
Apt – Samstag
Cucuron – Dienstag morgens

REISETIPS

Apt – Kandierte Früchte (besonders Kirschen) sind eine hiesige Spezialität. Besuchen Sie die Genossenschaft Aptunion zu einer Kostprobe.
Pertuis – In den Sommermonaten gibt es jeden Donnerstagmorgen Führungen durch die Altstadt. Weitere Informationen im Office du Tourisme.
Wanderungen – Um Cadenet sind drei, um Lourmarin vier Wanderwege ausgeschildert. Auch durch einen Zedernwald in der Nähe von Bonnieux führt ein beschilderter Wanderweg.

EMPFOHLENE ERZEUGER

PERTUIS

Château Grand Callamand
Ein großes provenzalisches *mas* (Bauernhaus), in dem man unter anderem Roséwein erzeugt.

Château Val Joanis
Großes, dynamisches und gut ausgestattetes Gut im Familienbesitz, das verläßliche Weine hervorbringt. Der beste ist Les Griottes, ein in Holzfässern gereifter Rotwein, der die Kraft der Grenache-Traube erfolgreich mit der Eleganz von Syrah kombiniert.

PUGET-SUR-DURANCE

Château la Verrerie
Das Gut wurde 1981 von einem wohlhabenden Geschäftsmann übernommen und seitdem systematisch erweitert und modernisiert. Hypermoderner Keller. Gute, in großen Fässern gereifte Rotweine. Bukettreiche Weiße und angenehme Rosés. Das Zweitetikett ist Bastide de Verrerie.

besitzt eine bezaubernde kleine Kirche namens Saint-Sauveur, deren ältester Teil aus dem 11. Jahrhundert stammt.

Der auf einem Hügel gelegene Ort Cucuron wird von einer überraschend großen Kirche namens Notre-Dame-de-Beaulieu überragt. Auf der anderen Seite des Kirchplatzes erheben sich zwei Türme über die Hausdächer: Saint-Michel, der einzige Überrest einer Burg, und die Tour de l'Horloge. Das kleine Musée Marc Deydier zeigt archäologische Funde sowie Exponate zur Stadtgeschichte.

Über die D 56 erreicht man Ansouis. Schon von weitem ist das guterhaltene Schloß mit seinen herrlichen Terrassengärten zu erkennen. Im Musée Extraordinaire sind Kunstwerke und außergewöhnliche Funde aus dem Meer zu besichtigen.

An der schmalen Straße nach La Tour d'Aigues liegt der größte Weinproduzent der Côtes du Lubéron, die Genossenschaft Cellier de Marrenon. Das prächtige, im 11. Jahrhundert erstmals urkundlich erwähnte Schloß des Ortes wurde im 16. Jahrhundert von Jean-Louis Nicolas de Bouliers beträchtlich erweitert. Nachdem es 1792 in Flammen aufgegangen war, fanden viele seiner Steine beim Bau von Häusern Verwendung. Seit 1974 wurde das Schloß jedoch nach und nach renoviert, und im Untergeschoß sind heute ein Keramikmuseum und ein Museum zur Geschichte der Pays d'Aigues untergebracht. Im Sommer gibt es im Rahmen des Festival du Sud Lubéron im Schloßhof Theater-, Tanz- und Musikdarbietungen.

Die Besichtigung des Schlosses erhält dadurch einen besonderen Akzent, daß die Bodenfliesen Klänge erzeugen, sobald man auf sie tritt.

Fahren Sie zum Abschluß der Lubéron-Tour auf der D 135 nach Mirabeau. Das Schloß oberhalb des Orts ist nicht zugänglich. Am östlichen und westlichen Ortseingang stehen Wehrtürme. Sehenswert ist auch die Kirche mit ihrer eindrucksvollen vergoldeten Kanzel.

LOURMARIN

Château Constantin-Chevalier
Ausgewogene, fruchtige Rotweine und einige ansprechende Weiße, darunter die Cuvée des Fondateurs, die in neuen Fässern vergoren wird.

BONNIEUX

Château la Canorgue
Schönes Gut aus dem 17. Jahrhundert in der Nähe des Pont Julien. Gepflegte, überaus fruchtige Rotweine mit einem Hauch von Gewürzaroma. Außerdem stilvolle Rosé- und Weißweine. Die Trauben stammen aus organischem Anbau.

APT

Château de l'Isolette
Eine Reihe gefälliger Rot-, Rosé- und Weißweine. Passen gut zu mit Olivenöl bereiteten provenzalischen Gerichten.

Château de Mille
Der blumige Weißwein ist in der Regel gut. Er wird zu gleichen Teilen aus Clairette-, Bourboulenc- und Roussanne-Trauben hergestellt.

Domaine de Mayol
Köstlicher roter Côtes du Lubéron.

CUCURON

Château la Sable
Leichter Roséwein mit orangefarbener Tönung. Paßt zu den regionalen Lammgerichten. Außerdem ein eleganter, voller und körperreicher Weißwein.

Domaine de la Cavale
Der Weißwein hat eine ansprechende Farbe und ist äußerst süffig.

LA TOUR D'AIGUES

Cellier de Marrenon
Riesiges Unternehmen, das in modernen Kellern die Weine von mehr als 15 regionalen Genossenschaften verschneidet und (unter verschiedenen Namen) abfüllt. Die Weine sind von durchschnittlicher bis guter Qualität. Einige reifen in Holzfässern. Der Grande Toque (rot, rosé, weiß) ist eines der besten Erzeugnisse.

LAURIS

Domaine de Fontenille
Familiengut, das Rotwein aus überwiegend alten Grenache-Reben erzeugt

MIRABEAU

Clos Mirabeau
Gerbstoffreicher Rotwein und ein blaßgelber Weißwein, der gut zu Fisch und Meeresfrüchten paßt. Verwirrenderweise als Clos Murabeau bekannt.

COTEAUX DE PIERREVERT

HOTELS

Hostellerie de la Fuste
La Fuste, Tel. 4 92 72 05 95
Das komfortabelste Hotel der Region. 15 Zimmer. Hervorragendes Restaurant mit einfallsreichen Gerichten aus besten Zutaten. La Fuste liegt am Ostufer der Durance, gegenüber von Manosque.

Motel des Quintrands
Manosque, Tel. 4 92 72 08 86
Modernes Hotel mit 20 Zimmern, Schwimmbad und Restaurant. Ein paar Kilometer außerhalb der Stadt an der N 96 Richtung Digne.

RESTAURANT

André
Place du Terreau, Manosque
Tel. 4 92 72 03 09
Gleichbleibend gute regionale Gerichte zu vernünftigen Preisen. Unprätentiöse Einrichtung und Atmosphäre. Mit Blick auf den großen Platz im Zentrum der Altstadt.

VERANSTALTUNGEN

Rittertage in Manosque – Im Juni.
Pierrevert – Begeht jedes Jahr an Pfingsten ein Fest zu Ehren seines Schutzheiligen Saint-Patrice.

MÄRKTE

Manosque – Am Samstagmorgen wird auf der Place du Terreau ein allgemeiner Markt und auf der Place Magnol ein Kunstmarkt abgehalten.

REISETIPS

Stadtführung – In Manosque jeden ersten Dienstag des Monats (Office du Tourisme, Place Joubert).
Pierrevert – Golfplatz mit 18 Löchern (samt Hotel und Restaurant).

EMPFOHLENE ERZEUGER

MANOSQUE
Coopérative
An der Kreuzung südlich der Stadt.

GREOUX-LES-BAINS
Château du Rousset
Dieses Gut liegt näher an Manosque als an Gréoux. Überqueren Sie in Manosque auf der D 907 die Durance, und fahren Sie etwa einen Kilometer auf der D 4 nach Süden. Der hier erzeugte Rotwein ist robuster als in dieser Region üblich. Außerdem köstlicher Rosé.

Oben: *Cucuron thront über diesen Rebgärten, die hauptsächlich Weiß- und Roséweine liefern.*

Ganz oben: *In der Gegend um Apt findet man malerisch verstreute Ruinen aus der Römerzeit.*

COTEAUX DE PIERREVERT

Die Weinregion Coteaux de Pierrevert schließt östlich an die Côtes du Lubéron an. Die Grenze ist eher verwaltungstechnisch bedingt, denn die Pierrevert-Weine werden nicht im Vaucluse, sondern in Alpes-de-Haute-Provence erzeugt. Theoretisch ist Coteaux de Pierrevert eine sehr große Region, die mehr als 40 Ortschaften umfaßt. Ihre Weine besitzen keinen AC-Status, sondern gehören zur Kategorie VDQS – *vin délimité de qualité supérieure.*

In der Praxis konzentriert sich die Produktion in den drei Gemeinden Pierrevert, Manosque und Gréoux-les-Bains. Insgesamt gibt es hier rund 300 Hektar Rebflächen. Rotweine machen den größten Teil der Produktion aus, der Rosé aber überzeugt durch seinen erfolgreichen Stil. Er wird aus Cinsaut-, Carignan- und Grenache-Trauben

PIERREVERT

Domaine La Blaque

Der Besitzer füllte als erster privater Weinerzeuger Coteaux de Pierrevert ab. Köstliche Weiß- und Roséweine. Geschmeidige Rote. Das Gut verwendet auch den Namen Domaine du Châteauneuf.

Coopérative

Stellt zu angemessenen Preisen eine Reihe von Coteaux-de-Pierrevert-Weinen her.

Domaine de Régusse

Dynamisches Weingut mit 230 Hektar Rebfläche (erzeugt auch Vins de pays und Côtes du Lubéron). Eine große Auswahl von Weinen, darunter eine in Holz gereifte rote Cuvée de Prestige. Angenehme Vins de pays aus Pinot noir und Viognier. Die Domaine betreibt außerhalb von Manosque an der D 907 Verkaufsräume, in denen Wein verkostet werden kann.

hergestellt und schmeckt meist angenehm herb und frisch. Die Weißweine keltert man aus Clairette-, Marsanne- und Roussanne-Trauben.

Die Fahrt auf der N 96 von Mirabeau im Lubéron nach Manosque, einer quirligen Stadt keltischen Ursprungs, dauert etwa 20 Minuten. An der Westseite des von zahlreichen Boulevards umgebenen Stadtzentrums steht die Porte Saunerie, ein eindrucksvolles Tor aus dem 14. Jahrhundert. Die Kirche Saint-Sauveur in der Rue Grande zieren ein herrlicher Glockenturm sowie eine Orgel aus dem 17. Jahrhundert. Das zweite Gotteshaus in der Rue Grande ist Notre-Dame de Romigier mit einer schwarzen Madonna und einem aus dem 5. Jahrhundert stammenden Sarkophag.

Folgen Sie den Schildern in Richtung Pierrevert, das malerisch an einem Berghang liegt. Im mittelalterlichen Zentrum gibt es Reste von Mauerwerk und Toren zu sehen. Interessant sind auch ein Kirchenportal und eine Kapelle aus dem 13. Jahrhundert. Am Fuß des Hügels werden Sie die örtliche Weingenossenschaft und an der Straße nach La Bastide-des-Jourdans zwei Weingüter entdecken. Die erste unbefestigte Straße in der Nähe der Domaine La Blaque führt Sie über Beaumont-de-Pertuis zurück nach Mirabeau.

Oben: *Das Château du Rousset bei Manosque erzeugt sehr gute rote Coteaux-de-Pierrevert-Weine sowie hervorragenden Rosé.*

Rechts: *Sorgfältige Rebpflege auf der großen Domaine de Régusse. Ihr ungewöhnlicher, in Holz ausgebauter Rotwein ist eine Köstlichkeit.*

Marseille

Die zweitgrößte Stadt Frankreichs ist berüchtigt für ihre Unterwelt, für den Drogenhandel und nicht zuletzt für die Erfindung des *pastis*, des typischen französischen Anisschnapses.

Für viele Provence-Besucher ist Marseille die erste Station auf ihrer Reise, und bevor man zu den Weinproben aufbricht, sollte man die Gelegenheit nutzen und sich in dieser Stadt ein wenig umsehen. Obwohl das stark industrialisierte Marseille mit seinen trostlosen Wohnvierteln aus den 60er Jahren auf den ersten Blick wenig einladend wirkt, lohnt es sich, seine historischen Bauwerke und die manchmal hervorragende Küche kennenzulernen. Die wettergegerbten Marseiller – extrovertierte, mediterrane Charaktere – sind ein ganz eigener Menschenschlag, den der Autor Marcel Pagnol in seinen häufig verfilmten Romanen verewigt hat.

Die Hauptverkehrsader der Stadt ist La Canebière. Sie beginnt an der Stirnseite des Alten Hafens, wo sich auch das Fremdenverkehrsamt befindet. Der Name des berühmten Straßenzugs leitet sich von dem Wort *chènevières* ab

MARSEILLE

HOTELS

New Hôtel Bompard
2, rue des Flots-Bleus
Tel. 4 91 52 10 93
Eine Seltenheit: wirklich ruhiges Hotel im Herzen einer geschäftigen Stadt. Auch Bungalows im Garten mit Schwimmbecken. Insgesamt 45 Zimmer. Kein Restaurant. Nahe der Küstenstraße.

Saint Ferréol's Hôtel
19, rue Pisançon, Tel. 4 91 33 12 21
Kleines, zentral gelegenes Hotel, einfach, doch bequem, 20 Zimmer. In einer Fußgängerzone nahe dem alten Hafen.

RESTAURANTS

Le Caribou
38, place Thiars, Tel. 4 91 33 22 63
Freundliches, gemütliches Lokal am alten Hafen. Hervorragende *fruits de mer*. Vernünftige Preise.

Marimar
12, quai du Port, Tel. 4 91 91 10 40
Restaurant mit Michelin-Stern. Bekannt für Meeresfrüchte und ausgezeichnete regionale Küche, z. B. *bouillabaisse*. Auch *bourride*, eine cremige Fischsuppe vom Engelhai mit viel Knoblauch.

MÄRKTE

Von den vielen Märkten Marseilles ist der Flohmarkt an der Avenue du Cap Pinède am Sonntagmorgen besonders zu empfehlen.

Rechts: *Die während des Zweiten Kaiserreichs erbaute Basilika Notre-Dame-de-la-Garde wird von einer vergoldeten Madonnenstatue gekrönt.*

Ganz rechts: *Festungen bewachen die Einfahrt zum Vieux Port in Marseille, der schon von den alten Griechen benutzt wurde.*

Oben: *Der bezaubernde alte Fischerhafen in Vallon des Auffes liegt versteckt unterhalb der Stadt auf der Halbinsel Malmousque.*

und bezieht sich auf die Hanffelder, die man einst in der Nähe anlegte, um das Rohmaterial für Schiffstaue zu erzeugen. Hier am Alten Hafen spürt man förmlich die überreiche Geschichte dieser Stadt – von der Ankunft der ersten griechischen Seefahrer über die Römer bis hin zu den deutschen Invasoren im Zweiten Weltkrieg. Die Hafeneinfahrt bewachen zwei Festungen. Eine davon wurde auf Geheiß des Sonnenkönigs Ludwig XIV. als Symbol für die Unterwerfung der Stadt errichtet. Historisch betrachtet, hat sich die Provence immer von Paris distanziert, und Rudimente der ehemaligen Landessprache haben sich bis heute erhalten.

Wer den regen Verkehr der Hafengegend hinter sich lassen möchte, findet in den Fußgängerzonen zwischen diesem Teil der Kaianlagen und dem Cours Etienne d'Orves einige Straßenzüge weiter südlich zahlreiche gutbesuchte Cafés. In diesem Viertel treffen sich die Einheimischen, um zu sehen und gesehen zu werden – ein weiterer Beleg dafür, daß Marseille kein Touristenort ist, sondern eine Stadt, in der gelebt und gearbeitet wird. Auf dem Fischmarkt am Alten Hafen kann man über die reiche Auswahl und das eigenartige Aussehen der Fische staunen, die hier zum Verkauf angeboten werden.

Viele davon werden in eine *bouillabaisse* wandern, und Sie sollten unbedingt einen Teller versuchen, solange Sie in Marseille sind. Wer gern Fleisch ißt, darf eine andere Spezialität nicht auslassen: *pieds et paquets* – ein reichhaltiges Gericht aus Lammbauch und Schweinefüßen. Viele der kleinen Restaurants um den Alten Hafen servieren diese Gerichte.

Außer dem Port Vieux und seinem Umfeld sollte man unbedingt die elegante Strandpromenade Corniche Avenue J. F. Kennedy gesehen haben. Sie ist ideal zum Bummeln und bietet einen herrlichen Blick auf die Küste und die in die Hügel gebauten vornehmen Villen. Besonders abends ist es hier schön, wenn die zahlreichen Restaurants und Nachtclubs ihre Lichterpracht entfalten. Von hier aus könnte man zu Fuß bis zum Hafenort Cassis gehen, um dort ein wohlverdientes Glas des hervorragenden Weißweins der Gegend zu genießen.

Vor der Weiterfahrt sollte man einige von Marseilles schönen Kirchen besichtigen. Die im 5. Jahrhundert gegründete Basilika Saint-Victor vielleicht, die eher einer Festung als einer Kirche gleicht. Auch das Hospice de la Vieille Charité, ein Armenhaus aus dem 17. Jahrhundert mit schöner barocker Kapelle, ist einen Besuch wert. Es beherbergt ein eindrucksvolles Museum, das archäologischen Funden aus dem Mittelmeerraum gewidmet ist. Das Hospice befindet sich im Arbeiterviertel Le Panier, das für viele Marseiller bittere Erinnerungen birgt, da es während der Besatzung im Zweiten Weltkrieg von den Nazis bis auf die Grundmauern niedergebrannt wurde.

Die Marseiller Märkte sprühen vor Leben, und von Wurst bis zu preiswerter Kleidung gibt es kaum etwas,

das man hier nicht unter lautstarkem Feilschen erstehen könnte. Briefmarkensammler oder Liebhaber alter Bücher kommen in den Geschäften des Cours Julien, südöstlich des Alten Hafens in der Nähe der Place Paul Cézanne, auf ihre Kosten. Dort finden sich außerdem zahlreiche Restaurants und Cafés, die auch noch spät am Abend geöffnet sind. Von Marseille fährt man entweder auf der D 559 nach Cassis und Bandol oder wendet sich auf der N 8 nach Norden, wo Aix-en-Provence als Ausgangspunkt für weitere Touren dient.

Oben: *Marseille wie es leibt und lebt: Auf dem Fischmarkt am Quai des Belges, direkt am Alten Hafen, preisen Fischer den morgendlichen Fang an.*

Coteaux Varois

Die Weinregion Coteaux Varois liegt im Landesinneren und wird im Süden, Westen und Osten durch die Côtes de Provence begrenzt. Die Region wartete 20 Jahre lang ungeduldig auf den Status der Appellation contrôlée, der ihr im März 1993 schließlich zuerkannt wurde. Leider hatten nur 28 der 41 nominierten Gemeinden Grund zur Freude, die anderen konnten sich wegen ihrer Höhenlage nicht qualifizieren.

Die beiden Dörfer Salernes und Villecroze bilden inmitten der Weinregion Côtes de Provence eine kleine Enklave. Seit Jahren erzeugt Villecroze einen hervorragenden Coteaux Varois. Einige Weinschriftsteller preisen diesen Teil Frankreichs wegen seines günstigen Klimas und des riesigen Potentials für die Erzeugung von Qualitätsweinen bereits als «das neue Kalifornien». Ebenso wie in der Region Côtes de Provence machen Roséweine den größten Teil der Produktion aus.

Die meisten roten Coteaux-Varois-Weine müssen jung getrunken werden. Sie schmecken rund und geschmeidig mit einem Hauch von roten Beeren und Gewürzen. Grenache, Syrah und Mourvèdre sind die wichtigsten Rebsorten, und bis zum Jahr 2000 müssen mindestens zwei davon 80 Prozent des jeweiligen Traubensatzes ausmachen. Die größten Produzenten sind Genossenschaften, die besten Weine werden jedoch von Privatgütern erzeugt.

DURCH DIE COTEAUX VAROIS

Die Tour durch die Weinregion Coteaux Varois beginnt in Tourves, einem Ort etwas östlich von Saint-Maximin-la-Sainte-Baume und Nans-les-Pins. Tourves war vor dem Bau der Umgehungsstraße ein berüchtigter Engpaß, da hier zwei Routes Nationales zusammenliefen. Dank einer Umgehungsstraße kann man in den steilen, engen Gassen von Tourves die römischen Überreste wieder in aller Ruhe bewundern. Das wichtigste Bauwerk ist das nur zu

Links: *In Brignoles erwarten kühlendes Naß und schattige Plätzchen den Besucher.*

Oben: *Im Château de Fontainebleau in Le Val kann man die guten Roséweine der Region kosten.*

Coteaux Varois

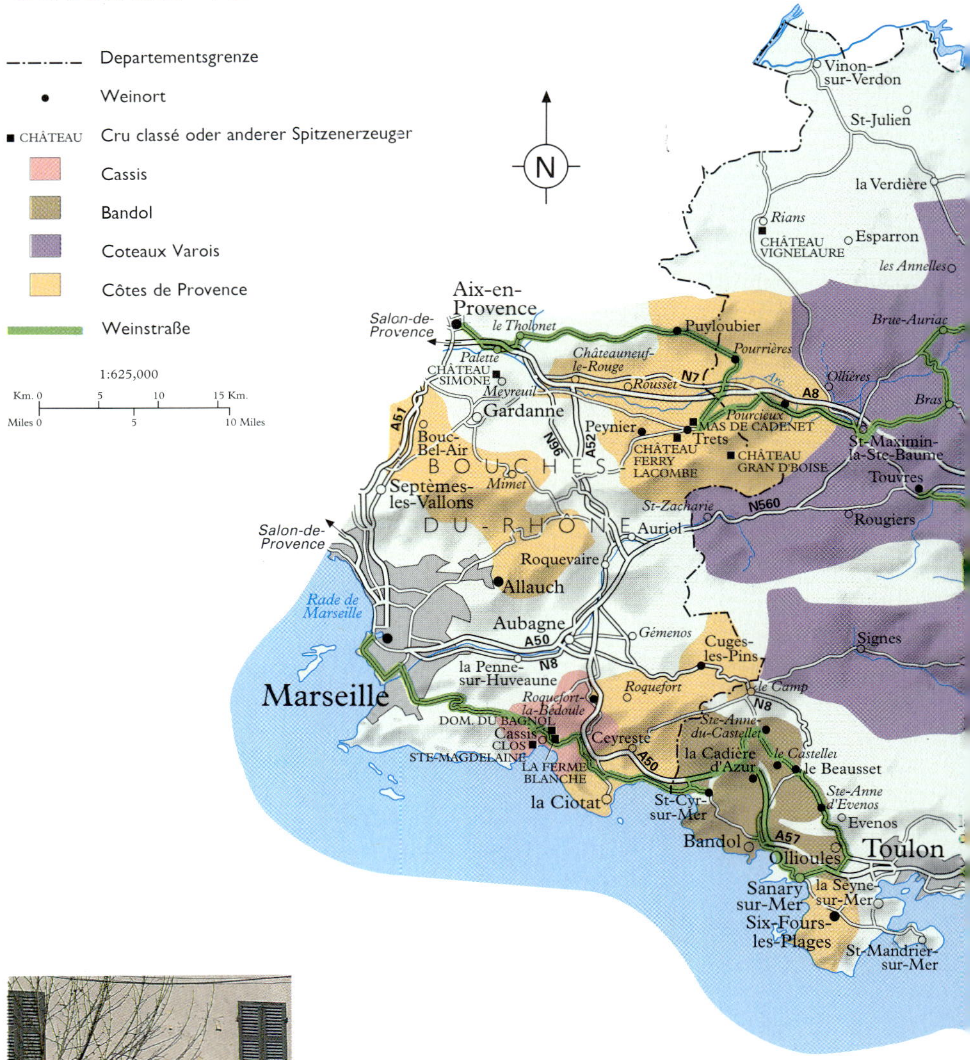

Oben: *Nach dem steilen Aufstieg zu La Celle gönnt man sich am besten ein Glas Wein in einem Café.*

Fuß zu erreichende Château de Valbelle. Es stammt aus dem Mittelalter, wurde im 18. Jahrhundert renoviert und vergrößert und gehört heute zu den eindrucksvollsten Schlössern der Provence. Ein 24 Meter hoher Obelisk, die Nachbildung eines römischen Originals, überragt den Eingang. Leider ist der umliegende Park völlig verwildert und läßt seine einstige Pracht nur noch erahnen.

Setzen Sie Ihre Fahrt auf der D 205 und der D 5 in Richtung La Roquebrussanne fort. Zwei uralte Brücken überspannen hier den Fluß Issole, der sich durch das schmale, am Fuß eines Hügels gelegene Dorf schlängelt. Am Ostermontag, am Pfingstmontag und am 16. August

führt eine Prozession den Berg hinauf zur Kapelle Notre-Dame d'Inspiration. Der Weg wird von sieben identischen Gebetshäuschen gesäumt. Neben der Kapelle liegt ein Amphitheater mit einer herrlichen Aussicht. Im Tal sind die Fundamente einer galloromanischen Villa zu erkennen.

An der Straße nach Garéoult trifft man auf zwei bemerkenswerte, kraterförmige Seen. Der größere von beiden, Le Grand Looutien, ist mehr als 40 Meter tief. Etwas weiter ist die Domaine des Chaberts beschildert, eines der besten Güter der Coteaux Varois. Garéoult sollte man am besten dienstags besuchen, wenn im Stadtzentrum der Wochenmarkt abgehalten wird.

Oben: *Im günstigen Klima der Coteaux Varois gedeihen diese Reben prächtig.*

Oben: *Barjols war einst eine Hochburg der Gerbereiindustrie. In Erinnerung daran findet im Januar ein Fest statt, bei dem zu Ehren von Saint Marcel eine Kuh geschlachtet und gebraten wird.*

Rechts: *Rebstöcke in der landschaftlich wunderschönen Gegend um La Celle. Die erfrischenden Weine dieser jungen Appellation (März 1993) sollten möglichst jung getrunken werden.*

COTEAUX VAROIS

HOTELS

Château de Brignoles-en-Provence
Brignoles, Tel. 4 94 69 06 88
Familienhotel mit rund 40 meist sehr komfortablen Zimmern. Großer Garten, Tennisplatz, Schwimmbad. Im Restaurant werden einfache provenzalische Gerichte serviert. An der Avenue Dréo (N 7, Richtung Nizza) gelegen; bitten Sie daher um ein Zimmer zur Rückseite.

Auberge La Loube
La Roquebrussanne
Tel. 4 94 86 81 36
8 hübsche, helle Zimmer. 1993 vollständig renoviert. Moderner Komfort und kleine, gepflegte Badezimmer. Gemütlicher Speisesaal, in dem traditionelle Gerichte serviert werden.

Le Pont d'Or
Barjols, Tel. 4 94 77 05 23
16 einfache Zimmer, einige mit Talblick. Unprätentiöses Restaurant. Die Käseplatte bietet oft *Tomme de Barjols*, einen frischen Ziegenkäse.

Der nächste Weinort ist Forcalqueiret, der nach seinen einstigen Kalköfen benannt wurde. Auf einem südlich gelegenen Hügel sind die Ruinen eines großen Schlosses aus dem 16. Jahrhundert zu sehen, das unter dem Namen Le Castellas bekannt ist. Kurz vor Brignoles, an der D 554, sollten Sie auf die Abzweigung zu dem sehenswerten kleinen Dorf La Celle achten. Die dortige Abtei stammt aus dem 6. Jahrhundert und ist damit eine der ältesten der Provence. Informationen über die Weine der Region erhalten Sie im Maison des Coteaux Varois neben der Abtei (Tel. 4 94 69 33 18).

Brignoles ist eine geschäftige, laute Stadt. Zur Besichtigung der einst von Mauern umgebenen Altstadt sollte man den Wagen abstellen und zur Place des Comtes de Provence laufen. Der ehemalige Palast der provenzalischen Grafen ist einer der wenigen noch erhaltenen Säkularbauten aus dem 13. Jahrhundert. Heute ist darin ein Museum untergebracht, zu dessen Ausstellungsstükken das Modell einer Bauxitmine, eine typisch provenzalische Küche sowie Gemälde von örtlichen Künstlern gehören. Ebenfalls interessant sind das neben dem Palast gelegene ehemalige königliche Gefängnis, die mittelalterliche Kirche Saint-Sauveur und die Kapelle Saint-Louis mit einer Sammlung religiöser Kunstwerke.

Hinter Brignoles, auf der berüchtigten N 7, tauchen die ersten Hinweisschilder für «Mini-France» auf. Das Ge-

lände dieses Vergnügungsparks, der Modellbauern und jüngeren Familienmitgliedern sicherlich gefallen wird, wurde dem Umriß Frankreichs nachempfunden. Auf einer Fläche von 2 Hektar stehen hier Miniaturen berühmter Sehenswürdigkeiten, darunter die Schlösser der Loire.

Ansonsten fahren Sie weiter nach Le Val. Wie der Name anklingen läßt, liegt der Ort in einer Talsohle, die man über die kurvige D 554 erreicht. Eindrucksvoll ist die Wandmalerei auf der Fassade des Hôtel des Vins, in dem die Wein- und Olivenerzeuger ihre Produkte zum Verkauf anbieten. In Le Val gibt es einiges zu sehen. Das Musée des Santons in einem ehemaligen Backhaus besitzt eine umfassende Sammlung der bemalten Tonfigürchen, deren Tradition auf die Zeit Napoleons zurückgeht. Weitere Ausstellungsstücke sind Weihnachtskrippen aus Spanien, Italien, Brasilien und von der Elfenbeinküste. Unweit vom Friedhof liegt die Kapelle L'Annonciade, in der das Musée de l'Art Sacré untergebracht ist.

Wenden Sie sich auf der D 552 in Richtung Montfort-sur-Argens. Auf dem Weg kommen Sie am Château de Fontainebleau vorbei, das hervorragende Weine erzeugt. Montfort ist, so profan das klingen mag, als der Geburtsort von Jean-Louis Lambot berühmt, dem Erfinder des Stahlbetons. Das Schloß des Ortes ist Besuchern nicht zugänglich, doch die Altstadt mit ihren engen Gassen und den malerischen Brunnen ist ebenfalls sehr hübsch.

RESTAURANTS

La Fontaine
Le Val, Tel. 4 94 86 32 32
Die Fischgerichte (einschließlich *bouillabaisse*) genießen einen hervorragenden Ruf. Außerdem *foie gras* und Fleisch vom Grill.

A la Fortune du Pot
Saint-Estève (in der Nähe von Brue-Auriac), Tel. 4 94 80 90 83
Einfaches Gasthaus, das zu vernünftigen Preisen regionale Küche und Weine anbietet. Einige Gästezimmer.

MÄRKTE

Barjols – Dienstag und Donnerstag; um den 20. Juli findet jährlich ein Töpfermarkt statt
Bras – Sonntag und Mittwoch
Brignoles – Samstag; an jedem zweiten Sonntag des Monats ganztägiger Flohmarkt an der Place Carami (bei Regen in der Markthalle im Stadtzentrum)
Tourves und **Garéoult** – Dienstag

REISETIP

Foire à la Saucisse – Das jährliche «Wurstfest» findet Anfang September in Le Val statt.

Rechts: *Brignoles ist die bedeutendste Stadt der Region Coteaux Varois.*

Rechts unten: *Das versteckt gelegene Le Val besitzt einige interessante Kirchen und Museen. Dieses Wandgemälde am Hôtel des Vins erinnert an die bedeutende Rolle des Weins in der Ortsgeschichte.*

Unten: *Der Charme des mittelalterlichen Viertels von Brignoles läßt sich nur schwer mit der einstigen Haupterwerbsquelle des Ortes vereinbaren, dem Abbau von Bauxit zur Aluminiumgewinnung.*

WEINVERANSTALTUNG

Jedes Jahr findet in Brignoles vom 1. bis 10. April während der Landwirtschaftsmesse ein wichtiger Weinwettbewerb statt, bei der sämtliche Erzeuger der Provence vertreten sind.

EMPFOHLENE ERZEUGER

Einige Produzenten stellen nicht nur Coteaux Varois, sondern auch Côtes de Provence und Vins de pays her.

TOURVES
Domaine de Boulon
Sehr groß. Guter Rosé.

LA ROQUEBRUSSANNE
Domaine du Loou
Eines der besten Güter mit einer Reihe verläßlicher Weine. Die rote Cuvée Spéciale ist eine erfolgreiche Kombination aus Syrah, Grenache und Mourvèdre. Der Clos des Blaquières ist etwas geschmeidiger. Aus 100 % Cabernet Sauvignon wird ein saftiger Vin de pays erzeugt. Auf dem Gelände finden sich Überreste einer galloromanischen Villa.

GAREOULT
Domaine des Chaberts
Gastfreundliches Gut mit Kellern, einer recht modernen Villa und attraktiver Hanglage. Besonders zu empfehlen sind die rote Cuvée Prestige (voll und gerbstoffreich) sowie die rosé Cuvée Spéciale.

Die Straße nach Correns verläuft durch das Flußtal des Argens und bietet einen schönen Blick auf die Weingärten – hier treffen sich die Appellationen Coteaux Varois und Côtes de Provence.

Die Weingenossenschaft in Correns liegt neben einer alten Brücke. Vor der überraschend großen Dorfkirche aus dem 18. Jahrhundert steht eine Weinkelter. Im Mai schreitet eine Prozession durch die *porte du pardon* der Kirche, durchquert den Ort und gewährt den Teilnehmern Vergebung für die Sünden des vergangenen Jahres.

Die nächste Etappe auf der D 45 ist eine Strecke von landschaftlicher Schönheit, die durch eine pittoreske Schlucht zu dem Weiler Châteauvert führt. Folgen Sie der D 554 in nördlicher Richtung nach Barjols, und genießen

Sie den herrlichen Blick auf den terrassenförmig angelegten Ort und die eindrucksvollen Ruinen eines Schlosses aus dem 12. Jahrhundert. Einst war das «Tivoli der Provence» für seine Gerbereien bekannt – heute bilden die beinahe 30 Brunnen die Hapttouristenattraktion. Das Dorfleben spielt sich vorwiegend um die trapezförmige Place de la Rougière ab. Sehenswert sind die Kirche Notre-Dame-des-Epines mit ihrer prächtigen Holzausstattung, sowie das Hôtel des Pontèves, das durch seine außergewöhnlich schöne Fassade auffällt.

Das Dorf Brue-Auriac liegt im Herzen der Coteaux Varois. Von Barjols aus führt die Straße durch eine dramatische Landschaft zur Quelle des Argens. Achten Sie auf den höchsten Taubenschlag Europas, der hier im Jahr 1750 errichtet wurde. Sehenswert ist auch der von Georges de Roux erbaute *cours*. Der wohlhabende Händler wollte ein besonderes Bauern- und Arbeiterviertel errichten.

Die letzte Etappe dieser Tour führt Sie über die D 35 nach Bras. Zunächst sollten Sie allerdings in Saint-Estève Halt machen, wo nicht nur ein Weingut, sondern auch eine Keramikwerkstatt und ein Restaurant zum Verweilen einladen. Von hier führt ein schmaler Weg nach Bras, wo auf der Hügelkuppe die Ruinen eines älteren Dorfes und einer Kapelle zu sehen sind – genau der richtige Ort für ein Picknick mit Aussicht.

Bras ist der letzte Haltepunkt unserer Coteaux-Varois-Tour. Die nächste Etappe beginnt in Flassans-sur-Issole, zu erreichen über Le Val, Brignoles und die N 7 in östlicher Richtung.

Außerdem werden hier einige angenehme Weißweine erzeugt.

Domaine de Garbelle
Guter Rosé und schwerer, balsamischer Rotwein mit komplexem Geschmack.

LA CELLE

Domaine de la Gayolle
Die Lage dieses Guts ist wahrscheinlich interessanter als seine Weine – in der Chapelle de la Gayolle wurden mehrere Sarkophage entdeckt. Der berühmteste von ihnen ist nach der Domaine benannt und kann im Musée du Pays Brignolais in Brignoles besichtigt werden.

BRIGNOLES

Domaine de Ramatuelle
An der Straße nach Bras. Köstliche Rotweine mit Beerenaroma sowie erfrischende, lebendige Rosés.

LE VAL

Château de Fontainebleau
Schönes altes Gut mit einem herrlichen Brunnen. Erzeugt körperreiche Rosés.

Château Réal Martin
Die Rotweine werden erst nach zweijähriger Reifezeit verkauft. Das Weingut liegt an der D 28 in Richtung Bras.

CHATEAUVERT

Château Routas
Angenehme, fruchtige Rotweine. Die weiße Cuvée Pyranus reift in Holz. Verwendet auch die Bezeichnung Château Rouvière.

BRUE-AURIAC

Château Saint-Estève
Erzeugt eine Reihe von Weinen, darunter ein roter, in Holz gereifter Coteaux Varois sowie ein kraftvoller, schwerer Rosé.

BRAS

Domaine des Annibals
An der Straße nach Brignoles. Erzeugt ansprechenden Rosé, Vin des Roches, sowie einen weißen Coteaux Varois.

Domaine de Clapiers
Fleischiger, rustikaler Rotwein, der hervorragend zur reichhaltigen, öligen und nach Knoblauch duftenden Küche der Provence paßt.

NEOULES

Domaine de Trians
Würziger, fruchtiger Rotwein.

Côtes de Provence

Côtes de Provence ist die mit Abstand größte Weinregion der Provence. Sie umfaßt ungefähr 18 000 Hektar und erstreckt sich über drei Departements, wobei 15 ihrer Dörfer in den Bouches-du-Rhône (siehe Palette), eines in den Alpes-Maritimes (siehe Bellet) und 48 im Var liegen. Quer durch die Weinregion zieht sich das Massif des Maures mit ganz unterschiedlichen Bodenverhältnissen. Lehm und Sand wechseln sich mit kalkhaltigem Kies ab, der manchmal auch Schiefer und Granit enthält. Das Landschaftsbild ist genauso abwechslungsreich: Weite Ebenen weichen Hügeln mit terrassenförmig angelegten Weinbergen. Manche Gegenden weisen ein spezielles Mikroklima auf. Die große Vielfalt der Weine läßt sich also allein schon auf die natürlichen Gegebenheiten zurückführen.

Die Winzer aber tun mit der Wahl der Rebsorten, dem exakten Zeitpunkt der Lese und den individuellen Stadien der Weinbereitung ein übriges, um die Unterschiede noch zu unterstreichen.

Es ist diese Mannigfaltigkeit, die hier – besonders bei Rot- und Weißweinen – den Reiz des Verkostens ausmacht. Viele Rotweine enthalten etwas Syrah, was ihnen Biß verleiht und eine längere Lagerung ermöglicht. Die Rosés sind weniger variantenreich. Sie präsentieren sich stets trocken, oft mit einer leicht orangefarbenen Tönung und einem recht robusten Geschmack. Ein Rosé aus den Côtes de Provence ist ein idealer Sommerwein, wie geschaffen für die provenzalische Lebensart und Küche. Drei Viertel der Produktion werden in diesem Stil erzeugt – weltweit der meistverkaufte Roséwein mit Appellation contrôlée. Er paßt ideal zu Gerichten wie *soupe au pistou* oder *bouillabaisse*. Weitere Weine und Dörfer der Côtes de Provence werden auch in den Kapiteln Palette, Fréjus, Toulon und Bellet beschrieben.

Links: *Einige der besten Côtes-de-Provence-Weine werden hier im Var, in der Gegend von Taradeau erzeugt.*

Oben: *In den Felsen überhalb von Villecroze wurden im Lauf der Jahrhunderte Höhlen und Klüfte ausgewaschen.*

Oben: *Château de Selle in Taradeau ist das Wahrzeichen für die Gebrüder Ott, die viel dazu beigetragen haben, das Ansehen der provenzalischen Weine zu heben.*

COTES DE PROVENCE

HOTELS

Auberge Saint-Pierre
Tourtour, Tel. 4 94 70 57 17
Landgasthaus mit 20 gepflegten, rustikalen Zimmern in einem Gebäude aus dem 16. Jahrhundert. Tennisplätze, Schwimmbad, Reit- und Angelmöglichkeit. Restaurant mit raffinierten regionalen Gerichten.

La Bastide de Tourtour
Tourtour, Tel. 4 94 70 57 30
Luxusherberge (Relais et Châteaux) mit 25 elegant eingerichteten Zimmern verschiedener Größe. Hervorragendes Restaurant. Terrasse, Schwimmbad, Tennisplatz, Fitneß- und Billardraum.

Au Bien-Etre
Villecroze, Tel. 4 94 70 67 57
8 einfache Zimmer in ruhiger Umgebung. Das Restaurant ist etwas vornehmer ausgestattet. Es empfiehlt sich, die traditionellen Gerichte zu wählen. Kleines Schwimmbad.

Château les Lonnes
Vidauban, Tel. 4 94 73 65 76
Herrlich restaurierte *bastide* in einem 22 Hektar großen Park. Ein Dutzend komfortable Räume sowie 2 Suiten. Besonders ruhig. Schwimmbad und große Terrasse. Jeden Monat findet in den Kellern eine Weinprobe statt. Kein Restaurant, doch das Hotel organisiert für seine Gäste jeden Abend eine *route gastronomique* zu nahegelegenen Gaststätten.

IM HERZEN DES VAR

Die hier beschriebene Route kann wegen ihrer zahlreichen Sehenswürdigkeiten und Weingüter einige Tage in Anspruch nehmen. Mit Ausnahme von Villecroze und Salernes, zwei Orten im Norden der Region, die Coteaux Varois erzeugen, gehört beinahe jede besuchte Gemeinde zur Appellation contrôlée Côtes de Provence.

Die Tour beginnt in Flassans-sur-Issole, einem hübschen Dorf mit einem verfallenen Schloß, ganz in der Nähe der N 7. Folgen Sie dem Fluß auf der D 13 in südwestlicher Richtung nach Besse-sur-Issole, und beachten Sie die üppigen Weingärten auf beiden Seiten der Strecke. Man fährt auf der D 13 und der N 97 weiter nach Gonfaron, wo Sie auf dem Dorfplatz im Schatten uralter Platanen eine kleine Pause einlegen können. In der Vergangenheit war der Ort berühmt für seine Korkindustrie. Heute strömen viele Besucher hierher, um das köstliche Olivenbrot der Bäckerei L'Hermitage zu erstehen.

Weiter geht es auf der N 97 nach Le Luc, einer Ortschaft mit bedeutender Wein- und Olivenproduktion. An der Südseite des Ortes fällt ein dreistöckiger, sechseckiger Turm aus dem Jahre 1517 auf. Briefmarkenfreunde kommen im Musée Régional du Timbre et de Philatélie auf ihre Kosten, das im Château des Vintimille untergebracht ist. Das Musée Historique du Centre Var in der Chapelle Sainte-Anne ist der Ortsgeschichte gewidmet.

Vom Bergdorf Le Vieux Cannet genießt man einen herrlichen Rundblick über die Gegend. Der Ort besitzt einige schöne alte Gebäude, darunter eine romanische Kirche mit einem auffälligen Uhrturm. Dann geht es weiter entlang der D 33 nach Cabasse im Issole-Tal. Die aus dem 15. Jahrhundert stammende Kirche Saint-Pons besitzt ein wundervolles Altarbild. In der Nähe des Dorfes sind mehrere Dolmen sowie eine römische Brücke und andere Überreste galloromanischer Architektur zu sehen.

Fahren Sie auf der D 13 und D 79 weiter zur Abtei von Le Thoronet. Auf der Fahrt dorthin erinnert eine der zahlreichen Bauxitminen an einen anderen Einkommenszweig der Gegend. Die Abtei ist ein hervorragendes Beispiel für die Architektur der Zisterzienser. Der benachbarte Weiler Le Thoronet besteht aus wenigen Gassen, doch auch er hat eine Verbindung zum Wein: Der Ort war das

Oben: *Der großflächige Anbau von Weinreben in der AOC Côtes de Provence zeugt vom internationalen Erfolg dieser Appellation.*

Hôtel les Etoiles de l'Ange
Draguignan, Tel. 4 94 68 23 01
Auf einem Hügel oberhalb der Stadt gelegen, an der Straße nach Flayosc. Hübsche, neutral eingerichtete Zimmer mit Balkon. Moderner Komfort. Einladendes Restaurant, das stets frischen Fisch anbietet. Preiswertes Mittagsmenü im Terrassenzimmer. Kleines Schwimmbad.

La Grillade au Feu de Bois
Flassans-sur-Issole, Tel. 4 94 69 71 20
Elegantes Hotel. 16 freundliche Zimmer mit geräumigen Bädern. Das Landrestaurant bietet köstliche Gerichte vom Grill (z. B. *côtes d'agneau*). Schwimmbad. Trotz der Nähe zur N 7 (Richtung Le Luc) sehr ruhig.

Hôtellerie du Golf de Barbaroux
Flassans-sur-Issole, Tel. 4 94 69 18 00
23 hübsche Zimmer. Im Restaurant gibt es Salate, Sandwiches und ein Menü ab FF 130.

Le Logis du Guetteur
Les Arcs-sur-Argens
Tel. 4 94 73 30 82
10 Zimmer in einem reizenden alten Schloß, alle mit Ausblick. Das Restaurant befindet sich in einem Gewölbesaal. Köstliches Essen (*pigeon aux truffes*).

Lou Calen
Cotignac, Tel. 4 94 04 60 40
Nicht gerade geräuscharm, aber nichtsdestotrotz ein bezauberndes Landgasthaus. 15 Zimmer, Garten, Terrasse, Schwimmbad, Restaurant.

Le Mas des Collines
Tourtour, Tel. 4 94 70 59 30
Hotel mit 7 Zimmern, an der Straße nach Villecroze. Schöne Hanglage. Der Besitzer kocht selbst. Regionale Küche und, je nach Saison, zahlreiche Wildgerichte. Schwimmbad.

La Petite Auberge
Tourtour, Tel. 4 94 70 57 16
Richtung Flayosc, an einer bewaldeten Hügelflanke gelegen. Sehr ruhig (ein wahres *relais de silence*). 11 einfache Zimmer, Schwimmbad, Restaurant.

La Vieille Bastide
Flayosc, Tel. 4 94 70 40 57
Altes Gebäude. 7 kürzlich renovierte Zimmer. Schwimmbad. Im Juli und August nur mit Halbpension. Recht großer Speisesaal über 2 Stockwerke. Die Spezialität des Hauses ist Hühnchen mit Knoblauch. Schwimmbad.

Oben: *Zahlreiche Weingärten säumen den Fluß Issole. Die Trauben werden von privaten Gütern und Genossenschaften vinifiziert.*

Rechts: *Steile Felsen und Schluchten kontrastieren mit ordentlichen Reihen von Weinreben.*

Zuhause von Victor Ganzin, dem Entdecker der Reblaus und einem Pionier der Rebsortenkreuzung.

Die D 84 durch das Argenstal führt nach Vidauban, dessen Name auf das lateinische Vitis Alba, «weißer Weinstock» zurückgeht. Achten Sie an der Nordseite des Ortes, an der D 48, auf die gewaltigen schmiedeeisernen Tore des Château d'Astros. Dieses Schloß, das über eine Nebenstraße zu erreichen ist, liegt inmitten eines großen Parks, besitzt wundervolle antike Möbel und erzeugt auch hervorragende Weine.

Weiter geht es durch Taradeau, einen Ort mit einer romanischen Kapelle. Bei der Ankunft in Lorgues fällt die gewaltige Basilika auf, die beinahe ebenso groß ist wie jene in Saint-Maximin-la-Sainte-Baume. Die malerische Hauptstraße, der Boulevard de la République, ist zu beiden Seiten von prächtigen Platanen gesäumt. Bei einem Spaziergang durch die engen, schattigen Gassen der Altstadt stößt man auf kleine, stille Plätze, alte Stadttore, Brunnen, eine Kapelle und einen Uhrturm aus dem 17. Jahrhundert. Das hübsche Örtchen ist von Weinbergen und Olivenbäumen umgeben. Einige der an der schmalen Straße nach Saint-Antonin-du-Var gelegenen Weingüter sind von Mauern umfriedet. Fahren Sie auf der

RESTAURANTS

Auberge des Lavandes
Villecroze, Tel. 4 94 70 76 00
Freundliches Restaurant am Dorfplatz. Preiswertes Tagesmenü mit Gerichten der Saison (z. B. Spargel). Gute regionale Weine.

Bruno
Lorgues, Tel. 4 94 73 92 19
Benannt nach Clément Bruno, dem leutseligen Wirt des Hauses. Achten Sie auf das auffallende Wandgemälde, das ihn und seine Köche als Apostel darstellt. Sehr gute, reichhaltige Gerichte und großzügige Portionen.

Les Chênes Verts
Tourtour, Tel. 4 94 70 55 06
Raffinierte Gerichte mit klassischem Touch und frischen Zutaten wie Trüffeln und Süßwassergarnelen. Drei kleine Speiseräume.

Le Colombier
Villecroze, Tel. 4 94 70 63 23
Raffinierte provenzalische Küche (*carré d'agneau à la fleur de thym, marmite de Saint-Jacques aux blancs de poireaux*). Elegantes Dekor. Terrasse.

La Fontaine
Salernes, Tel. 4 94 70 64 51
Sehr hübsch zum Mittagessen. Eckhaus mit Blick auf den Dorfplatz. Sorgfältig zubereitete Gerichte mit marktfrischen Zutaten.

Le Gourmandin
Le Luc, Tel. 4 94 60 85 92
2 Speisesäle, große Portionen, sorgfältig zubereitete Gerichte der Saison.

Le Bacchus Gourmand
Les Arcs-sur-Argens
Tel. 4 94 47 48 49
Feine provenzalische Küche und eine große Auswahl an Côtes de Provence. Neben der Hauptgeschäftsstelle des Comité Interprofessionnel des Vins de Provence.

Le Mas de Cotignac
Cotignac, Tel. 4 94 04 66 57
An der Straße nach Carcès. Hervorragende Gerichte mit Zutaten aus der Region.

L'Oustaou
Flayosc, Tel. 4 94 70 42 69
Ansprechende Speisekarte mit preiswerten Gerichten (z. B. *bœuf aux herbes*). Ausschließlich provenzalische Küche. Am Sonntagmittag grundsätzlich voll belegt. Mit Blick auf einen der Dorfplätze.

La Petite Cave
Le Thoronet, Tel. 4 94 60 10 23
Unprätentiöses Restaurant mit ländlichem Dekor, schattiger Terrasse und traditioneller Küche.

Le Relais des Moines
Les Arcs-sur-Argens
Tel. 4 94 47 40 93
Einladendes Restaurant mit freundlichem Personal. Köstliche Gerichte zu

vernünftigen Preisen. Der Speisesaal mit einem großen Kamin unter einem Gewölbe ist ein Erlebnis. An der Straße zur Kapelle Sainte-Roseline.

Le Tibouren
Carcès, Tel. 4 94 04 31 99
Weinbar und Restaurant. Die Speisekarte weist zahlreiche *grillades* auf. Verkauft auch Wein zum Mitnehmen. Benannt nach der provenzalischen Rosé-Rebsorte.

MÄRKTE

Flassans-sur-Issole – Mittwoch und Freitag
Besse-sur-Issole – Mittwoch
Gonfaron – Donnerstag
Le Luc – Freitag
Cabasse – Samstag
Vidauban – Sonntag und Mittwoch

WEINVERANSTALTUNGEN

Draguignan – Im August findet ein Weinfest, im November der Salon des Vins et Tables de Provence statt.

EMPFOHLENE ERZEUGER

FLASSANS-SUR-ISSOLE

Château Payan
Erfolgreiche rote Cuvée Léopold mit reichem Beerengeschmack. Außerdem Cuvée Fanny, ein angesehener Roséwein.

Commanderie de Peyrassol
Nach den Tempelrittern benanntes Gut. Versuchen Sie die rote Cuvée Marie-Estelle unter der Bezeichnung Château de Peyrassol oder die rosé Cuvée d'Art mit dem Etikett Commanderie. Spezialisiert auf hochwertigen Rosé. Generell hohe Qualität.

Domaine de Saint-Baillon
Die rote Cuvée ist ein in Holzfässern ausgebauter Verschnitt aus Cabernet Sauvignon und Syrah. Weiße und rosé Cuvée Opale. Erzeugt außerdem Coteaux Varois.

BESSE-SUR-ISSOLE

Domaine de Cabasson
In einer *bastide* aus dem 17. Jahrhundert.

GONFARON

Domaine de Beaumet
Sehr zu empfehlen ist der frische, blumige Weißwein.

Domaine de l'Esparron
Der Roséwein mit Erdbeeraroma schmeckt köstlich erfrischend.

LE LUC

Bastide de Bertrands
Die klassischen Weißweine schmekken wie Sémillon, obwohl sie aus anderen Rebsorten erzeugt werden. Außerdem gute Rotweine aus Cabernet Sauvignon.

gewundenen D 50 weiter nach Entrecasteaux. Das rechteckige Schloß, das über diesem Dorf thront, wurde 1974 von der schottischen Familie McGarvie-Munn erworben und besitzt eine alte provenzalische Küche und eine von Le Nôtre entworfene Gartenanlage.

Das einige Kilometer weiter südlich gelegene Carcès liegt am Zusammenfluß von Argens und Carami und besitzt einen großen See. Das Dorf wurde um ein Schloß herumgebaut, von dem heute nur noch einige Torbogen und Stufen erhalten sind.

Die nächste Etappe dieser Route, von Carcès nach Cotignac, zeichnet sich durch die malerischen Weinberge auf beiden Seiten der Strecke aus. Das romantische Cotignac schmiegt sich an den Fuß einer 80 Meter hohen Tuffsteinmauer, in der sich zwei mittelalterliche Verliese befinden. Das Dorf besitzt einen großen *cours* mit Platanen und einem Marmorbrunnen.

Um die Geschichte des Mittelalters hautnah zu spüren, sollten Sie unbedingt Tourtour besuchen, das «Dorf im Himmel». Auf dieser Berghöhe lieferten die maurischen Invasoren ihr letztes Gefecht. Ganz in der Nähe der hübschen Place des Ormeaux liegt ein kleines Viertel mit interessanten Gebäuden, darunter alte Olivenmühlen und

Links: *Draguignan besitzt ein schönes mittelalterliches Viertel und drei interessante Museen. Darüberhinaus ist es wichtiger Stützpunkt der französischen Armee.*

Ganz links: *Die Gorges du Verdon sollte man nicht ohne einen professionellen Führer durchwandern.*

ein Fossilienmuseum. Das Rathaus und das Postamt sind in einem ehemaligen *château* untergebracht. Unmittelbar außerhalb des Ortes befinden sich die Kirche Saint-Denis, die quadratische, aus dem 12. Jahrhundert stammende Tour du Grimaud sowie die *bastide* des Ortes, die in ein Luxushotel umgewandelt wurde.

Von Tourtour nach Flayosc folgen Sie der D 557, einer pittoresken Straße, die sich durch eine bewaldete Hügellandschaft schlängelt. Das Leben in dem typisch provenzalischen Bergdorf spielt sich hauptsächlich auf den zwei Plätzen zu beiden Seiten der Hauptstraße ab. Dem Verkehr abgewandt liegt die bezaubernde Place de la Reinesse mit einem Brunnen und einem öffentlichen Waschhaus. Selbstverständlich hat Flayosc seine eigene Weingenossenschaft und einen *cours*, der dem allgegenwärtigen *jeu de boules* gewidmet ist.

Die größte Stadt dieser Route ist Draguignan mit über 30 000 Einwohnern. Der Stadtkern gruppiert sich um die Tour de l'Horloge, einen fast 20 Meter hohen, auf einem Felsen errichteten Uhrturm. Er ist von einem Gewirr schmaler Straßen und kleiner Plätze umgeben, darunter auch die Place du Marché, auf der mittwochs und samstags ein Markt abgehalten wird. Draguignan besitzt drei

Bastide de la Bernarde
Großes, erfolgreiches Weingut, das als eines der ersten guten roten Côtes de Provence erzeugte. Der rote Clos Bernarde ist köstlich.

Domaine de Brique
Gehört zum Château les Meyans. Die Keller befinden sich am Fuß des sechseckigen Turms.

Domaine de la Lauzade
Fundort einer römischen Villa. Der Weißwein bezieht sein Fruchtaroma aus der Sémillon-Traube, der Rote ist ebenfalls fruchtig.

LE CANNET-DES-MAURES

Château Reillane
Hervorragendes Beispiel für den hiesigen Rosé – blaß, aber zart und stilvoll am Gaumen.

Château de Roux
Der Rotwein ist würzig und schmeckt nach Schwarzen Johannisbeeren. Die Lagerung lohnt sich.

Domaine de la Bastide Neuve
Bemerkenswerte Rot- und Roséweine, gut ausgewogen und edel. Der Rotwein schmeckt nach Lakritze und Vanille.

CABASSE

Domaines Gavoty
Qualitativ hochwertige Weine, hergestellt von einer musischen Familie. Die rosé und weißen Cuvée-Clarendon-Weine munden hervorragend. Die Rotweine sind gut, aber nicht besonders. Ein Bauernladen verkauft landwirtschaftliche Erzeugnisse der Region.

Domaine des Pomples
Lebendiger, fruchtiger Rosé mit frischem Abgang.

LE THORONET

Domaine de l'Abbaye
Köstliche Weine, darunter der fruchtige Rosé Clos Beylesse in einer blauen Flasche und die rote Cuvée Pugette.

VIDAUBAN

Château d'Astros
Ehemalige *commanderie* der Tempelritter mit bemerkenswerten Rotweinen. Außerdem werden Weißweine aus 100 % Rolle erzeugt.

Coopérative
Versuchen Sie den roten Roubertas.

Domaine de Féraud
Hervorragende Rot-, Rosé- und Weißweine, darunter die rote Cuvée Antiopolis. Verkauft auch Weine unter Domaine de Peissonel.
Vieux Château D'Astros
Ehemalige *commanderie* der Tempelritter. Versuchen Sie den körperreichen Rosé mit Orangetönung.

TARADEAU
Château Rasque
Bemerkenswerter weißer Côtes de Provence aus Rolle (in mattierter Flasche), der nach Bananen und exotischen Früchten duftet. Erzeugt außerdem einen feinen, fleischigen Rotwein: Cuvée Pièce Noble.
Château de Selle
Eines von mehreren Weingütern im Besitz der aus dem Elsaß stammenden Familie Ott, die viel dazu beigetragen hat, das Ansehen der AC Côtes de Provence zu heben. Versuchen Sie die komplexen, nach Trüffeln duftenden Rotweine, die einige Jahre gelagert werden sollten.

LORGUES
Château de Berne
Ein großes Gut römischen Ursprungs, bekannt für seine Buntglasfenster. Die Roséweine sind stilvoll und frisch. Gute blumige Weißweine sowie recht harte Rote.
Château Mentone
Relativ runde Rotweine. Die Rosés weisen einen Hauch von Schwarzen Johannisbeeren auf.
Domaine de Castel Roubine
Attraktive Waldlage und noble Weine, darunter der rote, rosé und weiße Comte de Bargemon.

CARCES
Domaine Saint-Eloi
Harmonischer Rosé, frisch und elegant.
Domaine Saint-Jean
Aus Rolle erzeugter Weißwein sowie ein lebendiger Rosé.

COTIGNAC
Château Carpe Diem
«Genieße den Tag» – versuchen Sie den gepflegten Weißwein mit einem Aroma von exotischen Früchten und gutem Abgang.

VILLECROZE
Château Thuerry
Erzeugt sowohl Côtes de Provence als auch Coteaux Varois.
Domaine Saint-Jean de Villecroze
Köstliche Weine (Coteaux Varois und Vin de pays du Var), darunter hochwertiger Cabernet Sauvignon und Syrah, die rote Cuvée Spéciale (Früchtearoma, v. a. Cabernet Sauvignon) sowie der Roséwein aus Cinsaut.

Museen, das Musée des Arts et Traditions Populaires (volkstümliche Kunst und Kultur), das Musée Municipal (Gemälde) und, einige Kilometer südöstlich an der D 59, das Musée du Canon et d'Artillerie.

Von Draguignan bietet sich ein Ausflug nach Figanières an. Man erreicht das malerische kleine Dorf mit seinen schmalen, gewundenen Gassen und Durchgängen über die D 562 und die D 54. Hier findet sich der Jardin des Senteurs, ein Garten, in dem sich rund 150 Aromen zu einer köstlichen Duftwolke vereinen. Von Draguignan aus fährt man, am Wasserfall Naturby vorbei, nach Les Arcs-sur-Argens. Das Quartier du Parage, das mittelalterliche Viertel von Les Arcs, liegt an einer steilen Hügelflanke und läßt sich am besten zu Fuß erkunden. Von der Terrasse des Restaurants Logis du Guetteur genießt man einen herrlichen Rundblick. Eine schmale Straße führt von Les Arcs zur Kapelle Sainte-Roseline, in der moderne Mosaiken von Chagall zu bewundern sind. Im Sommer werden hier draußen häufig Konzerte und Theatervorführungen veranstaltet. Etwas außerhalb der Stadt, an der N 7 Richtung Vidauban, liegt – praktischerweise genau neben einem Restaurant – die Maison des Vins des Côtes de Provence mit vielen Informationen zum Thema Wein.

Links: *Cotignac ist für seine prachtvollen Gärten bekannt. Im Schutz der 80 Meter hohen Felswand oberhalb des Ortes gedeihen Begonien, Jasmin und Geranien.*

FLAYOSC
Domaine de Matourne
Empfehlenswert ist die rote Cuvée de la Tour.

DRAGUIGNAN
Domaine Rabiega
Eines der besten Weingüter der Provence. Verdankt seinen Ruf unter anderem dem roten, nach Johannisbeeren duftenden Clos d'Ières, der einen Anteil von Syrah enthält. Gehört dem Staatlichen Schwedischen Wein- & Spirituosenmonopol. Elegante Empfangsräume.

LES ARCS-SUR-ARGENS
Château Clarettes
Erzeugt eleganten, erfrischenden Rosé mit schönem Abgang.
Château Saint-Pierre
Einige der Weißweine reifen in Holz und schmecken daher reich und cremig.
Château Sainte-Roseline
In der Nähe der Kapelle. Besitzt einen Kreuzgang aus dem 13. Jahrhundert. Einer der besten Weine ist der rote Réserve. Auffällige Flasche.
Coopérative Cellier des Archers / Domaine des Hauts de Saint-Jean
Der Boden hier ist vulkanischen Ursprungs. Die leuchtendrosa Weine besitzen einen interessanten, komplexen Geschmack.

Unten: *Château d'Astros, das einstige Zuhause der Tempelritter, ist heute ein berühmtes Weingut.*

Unten rechts: *Unzählige Brunnen zieren, wie hier in Cotignac, die sonnendurchfluteten Dörfer im Landesinneren der Provence.*

Fréjus und der Osten der Côtes de Provence

Diese Tour führt zum Ostteil der Appellation Côtes de Provence und nach Fréjus, das mit einem für den Weinbau vorzüglich geeigneten Mikroklima gesegnet ist. Die hier erzeugten Weine sollen eine bessere Tiefe und Struktur haben als jene aus weiter westlich gelegenen Gebieten. Sie werden oft in Holzfässern ausgebaut und verbessern sich noch in der Flasche. Die meisten der erlesenen Rotweine enthalten Syrah oder Cabernet Sauvignon im Verschnitt mit beliebten traditionellen Rebsorten wie Mourvèdre und Cinsaut. Da ihre Aufmachung der Bordeaux-Flasche ähnelt, sind sie leicht zu erkennen.

Die eher traditionellen Côtes-de-Provence-Weine werden in Parfumflacons gleichenden Flaschen mit reichverzierten Etiketten verkauft. In der Regel sind Weine, die sich auf diese Art präsentieren, eher mittelmäßig. Erzeugnisse, deren Flaschen Ähnlichkeit mit den Klassikern anderer Regionen aufweisen, besitzen dagegen meist mehr Persönlichkeit. Zudem tragen sie häufig den Namen einer bestimmten Domaine oder eines Château auf dem Etikett.

VON LA MOTTE NACH FREJUS

Unsere Fahrt beginnt in Les Arcs-sur-Argens und geht auf der D 91 zunächst an der Kapelle Sainte-Roseline vorbei. Die kurvige Straße führt nach La Motte, das am 15. August 1944 als erster Ort der Provence von amerikanischen Fallschirmtruppen befreit wurde. Ein Denkmal nahe des Golfplatzes erinnert an dieses Ereignis. Die sehenswerte Altstadt mit ihren engen Gassen und steilen Stufen liegt an einer bewaldeten Hügelflanke. Ihr höchster Punkt ist die Tour de l'Horloge, ein verwitterter Uhrturm. Achten Sie auf den Moulin de Pizay und sein auffälliges Wandgemälde mit Rebmotiven. Der Künstler Robert Pizay stellt hier seine Werke aus, darunter Skulpturen aus Olivenholz. In

Links: *Die ehrfurchtgebietenden Gorges du Blavet überragen die Wälder von Bagnols-en-Forêt.*

Oben: *Eines der Châteaux «d'Esclans». Sie produzieren ausnahmslos guten Côtes de Provence.*

Ganz rechts: *Auf den Berghöhen müssen sich Weingärten gegen dichten Wald behaupten.*

Rechts: *Puget-sur-Argens: Der Fluß ist eine wichtige Bewässerungsquelle für die Rebstöcke auf den tiefergelegenen, trockenen Ebenen.*

Unten: *Der Künstler Robert Pizay verewigt Motive des Weinbaus auf Olivenholz.*

FREJUS

HOTELS

L'Aréna
139, rue du Général de Gaulle
Fréjus, Tel. 4 94 17 09 40
20-Zimmer-Hotel im ehemaligen Bankgebäude nahe der Place Agricola (Parkplatz). Kleine, hübsche Räume mit typisch provenzalischer Einrichtung. Hervorragendes Restaurant. Spezialität ist frischer Fisch. Schwimmbad. Freundlich und einladend.

Hostellerie les Gorges de Pennafort
Callas, Tel. 4 94 76 66 51
Zwischen Callas und La Motte/Le Muy, in der Nähe einer Schlucht mit Wasserfall. Ein ruhiges Haus mit 16 komfortablen Zimmern in einem großen Park. Schwimmbad. Die im Restaurant angebotenen Gerichte sind gut bis sehr gut.

Les Résidences du Colombier
18, rue Trémollet, Fréjus
Tel. 4 94 51 45 92
Ein Ferienkomplex außerhalb von Fréjus (Richtung Bagnols). 60 schlicht eingerichtete Zimmer in von Pinien umstandenen Bungalows. Großes Schwimmbad. Das Essen im Restaurant Le Rimauresq ist annehmbar.

der Nähe der *mairie* steht ein Umgebungsplan, auf dem fünf Wanderungen von ein- bis dreistündiger Dauer eingezeichnet sind. Man sollte unbedingt den Saut de Capelan besuchen, einen 70 Meter hohen Wasserfall, der von einem weinumrankten Plateau herabstürzt.

Ein weiterer eindrucksvoller Wasserfall ist der nördlich von La Motte gelegene Pennafort. Man fährt in Richtung Callas, an einigen Weingütern vorbei, die die Bezeichnung «d'Esclans» tragen. Unweit des Wasserfalls stehen eine Kapelle mit runder Kuppel, die Ruinen eines alten Turms sowie ein einladendes Hotel-Restaurant. Fahren Sie in südlicher Richtung zurück zur Abzweigung nach Bagnols-en-Forêt. Auf halber Strecke windet sich die Straße die bewaldeten Hänge der Gorges du Blavet hinauf.

Erst kurz vor Bagnols-en-Forêt wird die Landschaft wieder flacher. Das erste Gebäude ist die abgelegene Kapelle Notre-Dame-de-Pitié. Um den Ort zu besichtigen, stellen Sie Ihren Wagen am besten in der Nähe der Place de la Mairie ab und erklimmen die Stufen zu der von Kastanienbäumen umstandenen Kirche. Im 15. Jahrhundert wurde Bagnols, das Ende des 14. Jahrhunderts zerstört und von seinen Bewohnern aufgegeben worden war, von italienischen Familien wiederaufgebaut.

In Richtung Fréjus nimmt der Verkehr merklich zu, und man fährt zunächst durch recht trostlos wirkende

Rechts: *Das auch heute noch eindrucksvolle römische Aquädukt in Fréjus war einst über 50 Kilometer lang.*

RESTAURANTS

La Cave Blanche
Place Calvin, Fréjus, Tel. 4 94 51 25 40
Kellerrestaurant, nur einige Schritte von der Kathedrale entfernt. Die Köchin bereitet köstliche Fischgerichte zu (*rougets au beurre basilic*).

Les Pignatelles
La Motte, Tel. 4 94 70 25 70
Landgasthof (Richtung Bagnols), in dem sowohl provenzalische Küche als auch Gerichte aus dem Südwesten serviert werden (z. B. *foie gras* und *cèpes*).

Les Potiers
135, rue des Potiers
Fréjus, Tel. 4 94 51 33 74
Lamm, frischer Fisch und Ziegenkäse sind nur einige der Zutaten, die in den geradezu göttlichen Gerichten dieses Restaurants Verwendung finden. Wie der Name verspricht, werden hier auchTöpferwaren ausgestellt. Eine Adresse, die man sich merken sollte. Nahe der Place Agricola.

MÄRKTE

La Motte – Freitag
Fréjus – Ganzjährig am Mittwoch und Samstag, von Juni bis einschließlich September auch dienstags und freitags

WEINVERANSTALTUNG

Jedes Jahr im August wird in Fréjus die Fête du Raisin gefeiert.

EMPFOHLENE ERZEUGER

LA MOTTE

Domaine de Clastron
Erzeugt mehr Rot- als Roséwein. Die Weine sind würzig und passen gut zu Gegrilltem.

Domaine du Jas d'Esclans
Hier wird Rosé-, Rot- und Weißwein produziert.

Domaine de Saint-Michel d'Esclans
Das größte der vier d'Esclans-Weingüter ist zugleich das größte in La Motte. Die Weine sind ausnahmslos gut.

FREJUS

Domaine de Curebéasse
Anregender, edler Weißwein, üppiger Rosé und wundervoller Rotwein, darunter der im Holzfaß ausgebaute Roches Noires. Die Domaine liegt in der Nähe eines Kreisverkehrs an der Straße nach Bagnols-en-Forêt.

Vororte. Wie alle Küstenstädte der Provence leidet Fréjus unter starker Bautätigkeit. Die Stadt zählte während der Blütezeit der römischen Herrschaft rund 40 000 Einwohner – ungefähr soviele wie heute. Die riesige Arena, das älteste Amphitheater Frankreichs, bot Platz für mehr als 10 000 Zuschauer. Nördlich des Zentrums, in einem ruhigen Teil der Stadt, liegen die Überreste von römischen Mauern und ein von einer Hecke umfriedetes Freilufttheater. Außerdem sind hier einige Pfeiler des römischen Aquädukts zu sehen, das der Stadt aus einer Entfernung von mehr als 50 Kilometern Wasser zuführte.

Im 10. Jahrhundert errichteten die mächtigen Bischöfe von Fréjus mehrere eindrucksvolle Bauten, darunter den Bischofspalast und den Kapitelsaal. Das Baptisterium war im 4. oder 5. Jahrhundert von einem ihrer Vorgänger erbaut worden. Neben der Taufkapelle liegt die Kathedrale Saint-Etienne aus dem 12. Jahrhundert. Das Museum in den daran anschließenden Kreuzgängen ist eine wahre Fundgrube an Informationen über die Geschichte der Gegend. Unmittelbar außerhalb der Stadt, an der N 7 in Richtung Cannes, steht eine von Vietnamesen errichtete Pagode, die als Gedenkstätte für ihre im Ersten Weltkrieg gefallenen Landsleute dient. Etwas weiter liegt die Kapelle Notre-Dame-de-Jérusalem, ein achteckiges Bauwerk, dessen Dekor teilweise von Jean Cocteau stammt. Er starb 1963, bevor er sein Werk vollenden konnte.

Über die D 7 und Puget-sur-Argens erreicht man Roquebrune-sur-Argens, eine wegen ihres Blumenschmucks preisgekrönte *village fleuri*. Die 1000 Jahre alte Ortschaft besitzt eine schöne gotische Kirche und hübsche Plätze und Arkaden, die zum Verweilen einladen. Fahren Sie von hier über die N 7 nach Le Muy zurück. Der Ort wirkt auf den ersten Blick nicht sonderlich anziehend, doch im Stadtzentrum, abseits des Industriegebiets, sind die befestigte gotische Kirche Notre-Dame sowie ein runder Turm zu sehen, der einst Teil der Stadtbefestigung war.

PUGET-SUR-ARGENS
Château de Cabran
Vornehmer Rotwein.

ROQUEBRUNE-SUR-ARGENS
Domaine de la Bouverie
Exzellenter weißer Côtes de Provence aus Fässern (100 % Rolle). Gelegentlich auch Rosé- und Rotweine. Auf dem Gut wird auch Honig erzeugt.
Domaine de Marchandise
Die Spezialität des Gutes ist Roséwein.
Domaine de Planes
Dynamische Domaine, auf der mit großem Talent eine Reihe erlesener Weine produziert wird, darunter die weiße Cuvée Elégance (viel Sémillon) sowie Rotweine, die ausschließlich aus Mourvèdre oder Syrah hergestellt werden. Fragen Sie nach dem Muscat Sec (Vin de pays). Falls die Weinprobe überhandnimmt, gibt es auf dem Gut auch Zimmer zu mieten!

LE MUY
Château de Rouët
An der Straße nach Bagnols, in einem Wohngebiet. Rosé und rote Cuvée de l'Estérel (mit einem Hauch von Brombeeren). Erzeugt auch andere köstliche Weine, wie die Cuvée Belle Poule.

Links: *Die Kreuzgänge der mittelalterlichen Kathedrale von Fréjus.*

Unten: *Die malerische, abseits gelegene Kapelle Notre-Dame-de-Pitié in Bagnols-en-Forêt.*

MOURVEDRE
Clône 449 / R.110

Cassis

Vor nicht allzu langer Zeit gab es in der gesamten Provence lediglich vier Gebiete mit dem Status einer Appellation contrôlée. Cassis war eines davon, und sein Ruf stützt sich nach wie vor auf exzellenten Weißwein mit viel Körper und Tiefe. Man sollte die Bezeichnung Cassis nicht mit dem französischen Begriff für Schwarze Johannisbeeren verwechseln. Zwischen dem Städtchen und den Früchten oder dem berühmten Likör besteht keine Verbindung.

Die Weinstöcke werden auf umfriedeten Terrassenhängen südlich von Cassis angebaut, die durch das Cap Canaille vor der verheerenden Wirkung des Mistral geschützt sind. Weinreben bedecken rund 200 Hektar dieser als *restanques* bezeichneten Terrassen – eine Zahl, die in Anbetracht der schwierigen Anbaubedingungen beinahe unglaublich erscheint. Wegen des warmen Mikroklimas (durchschnittlich 3000 Sonnenstunden pro Jahr) gedeihen die Trauben prächtig und erzeugen einen robusten, vollmundigen Weißwein. Die 14 Produzenten müssen allerdings einige Mühe darauf verwenden, einen ausreichenden Säuregehalt zu gewährleisten. Einige der Rebsorten werden daher sehr früh gelesen. Für weißen Cassis sind sechs Trauben zulässig, darunter Ugni blanc, Sauvignon blanc, Marsanne und Clairette. Sein Aroma ist stets blumig, obwohl manchmal ein Hauch von reifen Pfirsichen und getrockneten Früchten zu spüren ist. Eine Spur von Myrte und Rosmarin läßt außerdem eine leichte Schärfe ahnen.

Leider werden die Tugenden dieses gefälligen Weißweins von den örtlichen Händlern reichlich überschätzt, und er ist gewöhnlich sehr teuer. Sein etwas salziger, pikanter Geschmack paßt hervorragend zu örtlichen Spezialitäten wie Sardellen und Meeresfrüchten.

«Wer Paris, aber nicht Cassis gesehen hat, hat nichts gesehen.» So beschreibt Frédéric Mistral, der provenzalische Dichter mit dem passenden Namen, den zu seiner Zeit noch unbedeutenden Hafenort. Cassis liegt in einer

Links: *Weingärten der Domaines Bunan in Bandol. Der Familienbetrieb wurde 1962 gegründet.*

Oben: *Ein Bild, das Hobbymaler sich nicht schöner wünschen könnten: der Hafen von Cassis.*

Oben: *Einer der photogensten Weinberge Frankreichs: Clos Sainte-Magdeleine, Cassis, auf den terrassenförmig angelegten* restanques *des Cap Canaille.*

CASSIS

HOTELS

Le Clos des Arômes
Cassis, Tel. 4 42 01 71 84
Kleines, bezauberndes Hotel. Die 8 Zimmer sind hell und komfortabel. Eigenes Restaurant mit provenzalischen Gerichten.

Les Jardins de Cassis
Cassis, Tel. 4 42 01 84 85
Mit 36 Zimmern das größte der 15 Hotels in Cassis. Gleichzeitig ist es eines der wenigen mit Park und Schwimmbad. Kein Restaurant.

Les Roches Blanches
Cassis, Tel. 4 42 01 09 30
Auf einem Felsvorsprung mit Blick aufs Meer. 26 Zimmer unterschiedlichen Komforts. Herrliches Schwimmbad. Spezialitäten des Restaurants sind frischer Fisch und *bouillabaisse*. In der Hauptsaison nur Halbpension.

RESTAURANTS

Chez Vincent / Le Vieux Pavé
Cassis, Tel. 4 42 01 35 19
Versuchen Sie die *gambas frites* (gebratene Garnelen), die Spezialität des Hauses. Außerdem hausgemachte Tatarensoße und Salat mit fritierter Mozzarella.

nur 20 Kilometer von Marseille entfernten Bucht und ist am Wochenende völlig überlaufen. Die Altstadt besteht aus Häusern aus dem 17. und 18. Jahrhundert, engen Gassen und einigen Plätzen. Eines der schönsten Gebäude ist das von einem Park umgebene Hôtel de Ville. Es beherbergt das Musée Municipal des Arts et des Traditions Populaires, in dem im Sommer zeitgenössische Gemälde ausgestellt werden.

Eine kunterbunte Ansammlung pastellfarbener Häuser mit farbenfrohen Fensterläden liefert die Kulisse für den Hafen von Cassis, in dem Vergnügungsboote und die wenigen verbliebenen Fischerkähne Seite an Seite liegen. Entlang des Kais locken Cafés und Restaurants mit einem Glas *pastis* oder einem Snack. Gönnen Sie sich eine Fahrt in einem der gläsernen Beobachtungsboote oder machen Sie einen Ausflug zu den *calanques*, den nahegelegenen Felsenbuchten. Die bekannteste dieser Buchten liegt in Port Miou, die schönste jedoch ist die nur zu Fuß zu erreichende Calanque d'En-Vau. Die anderthalbstündige Wanderung von Port Miou lohnt sich. Im Süden trennt das 416 Meter hohe Cap Canaille, das wie der Bug eines Schiffes ins Meer hinausragt, Cassis von La Ciotat. In schwindelerregenden Kurven überquert die Route des Crêtes den Bergkamm. Auf einem der Vorsprünge des Bergmassivs, in der Nähe des Hafens, liegt ein großes Schloß aus dem 13. Jahrhundert, das von einem der Fürsten von Baux erbaut wurde.

Roséwein aus Cassis kann sehr gefällig sein, die Rotweine dagegen sind in der Regel mittelmäßig. Wer auf der Suche nach Qualität ist, sollte die Fahrt entlang der Küste fortsetzen und Bandol einen Besuch abstatten.

Ganz oben: *Ein Bootsausflug zu den* calanques *versetzt den Besucher zurück in eine Zeit ohne Touristenströme.*

Oben: *Der Marktplatz von Ollioules. Die Stadt ist ein wichtiger Blumenerzeuger, baut aber auch Obst und Gemüse an.*

Nino
Cassis, Tel. 4 42 01 74 32
Ein unterhaltsames Hafenbistro, das sowohl italienische als auch provenzalische Gerichte serviert.
La Presqu'île
Port Miou, Cassis, Tel. 4 42 01 03 77
Das beste Restaurant in Cassis, herrliche Lage. Moderne, regionale Küche. Schattige Terrasse.

MARKT

Mittwoch- und Freitagmorgen

REISETIPS

Fischerfest – Letzter Sonntag im Juni.
Wanderungen – Um Cassis sind mehrere Wanderwege ausgeschildert. Informationen vom Office du Tourisme.
Kasino – In Cassis.

WEININFORMATIONEN

Fête du Vin – Am ersten Sonntag im September.
Maison du Vin – Man kann hier alle erdenklichen Arten von Cassis sowie eine große Auswahl an Bandol-Weinen erstehen. Außerdem besteht die Möglichkeit zur Weinprobe.

EMPFOHLENE ERZEUGER

Château de Fontcreuse
Der beste Weißwein ist die Cuvée Fontcreuse. Angenehmer, ausgewogener Rosé mit Pfirsicharoma.
Clos d'Albizzi
Erstklassiger Weißwein: reiches Nußaroma und köstlicher, blumiger Geschmack mit elegantem Abgang.
Mas de Boudard
Vom Cap Canaille, der höchsten Felsenklippe Frankreichs, überragt. Gewichtiger Weißwein in traditionellem Stil.
Clos Sainte-Magdeleine
Spektakuläre, terrassenförmig angelegte Weinberge. Köstlicher, aromatischer weißer Cassis. Auch der Rosé ist einen Versuch wert. Der Besitzer François Sack sammelt Oldtimer.
Clos Val Bruyère
Die Weinberge auf den schönen *restanques* liefern wundervollen, blumigen Weißwein.
Domaine du Bagnol
Aromatischer Blanc de Blancs. Versuchen Sie den Rosé sowie den im Faß ausgebauten roten Marquis de Fesques mit seinem reifen Aroma.
Domaine du Paternel
Sehr erfolgreiche Weißweine.
Domaine des Quatre Vents
Der Weißwein ist duftig und blaß, aber mit langanhaltendem Abgang.
La Ferme Blanche
Blanc de Blancs, Rosé- und Rotwein. Der Rote ist wegen seines reichen mineralisch-pflanzlichen Buketts interessant.

Links: *Der Urlaubsort Bandol. Vergnügungsjachten bevölkern heute den Hafen, den einst Handelsschiffe anliefen, um Weinfässer zu laden.*

Bandol

Die Weinregion Bandol liegt hinter der gleichnamigen Stadt im Landesinneren. Eigenartigerweise wird in Bandol selbst heute kein Wein mehr erzeugt, obwohl die Geschichte des Weinbaus hier auf die Griechen und Römer zurückgeht und Bandol-Weine sogar in mittelalterlichen Manuskripten Erwähnung finden. Im Jahre 1754 wurde eigens für den Transport von Wein ein Hafen erbaut – zuvor waren die vollen Fässer einfach ins Meer geworfen und von wartenden Schiffen an Bord genommen worden. Hauptexportziel waren die französischen Antillen, da man festgestellt hatte, daß der Wein den Transport nicht nur gut überstand, sondern sich während der langen Reise noch verbesserte.

Während der Napoleonischen Kriege wurde der Name Bandol dadurch geschützt, daß man ein großes B in die Fässer einbrannte. Nach dem Krieg war der Hafen betriebsamer denn je. In manchen Jahren liefen 1200 Schiffe

Bandol

- Departementsgrenze
- Kantonsgrenze
- Gemeindegrenze
- CHÂTEAU PRADEAUX – Spitzenerzeuger
- Appellationsgrenze
- Weinberge
- Wald
- 100 – Höhenlinie im 50-Meter-Abstand
- Weinstraße

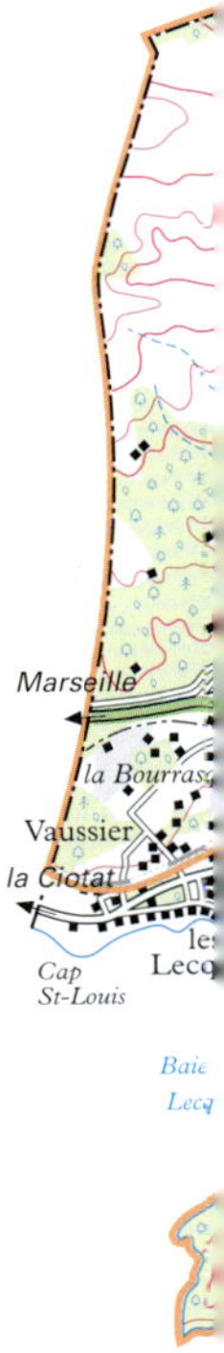

6
7
8
9
10
A
B
C
D
E
F
G
H
I
1:100,000
Km. 0 1 2 3 4 5 Km.
Miles 0 1 2 3 Miles
N
Aubagne
le Camp
N8
400
300
la Roche Redonne
307
la Bégude
Ste-Anne du Castellet
Pipette
300
200
DOMAINE LA BASTIDE BLANCHE
Laouque
Valdaray
les Cugens
200
la Toussane
les Samats
le Brûlat
Bourneou
les Sallettes
100
CHÂTEAU VANNIÈRES
le Castellet
le Beausset
A50
la Cadière d'Azur
DOMAINE DU CAGUELOUP
200
D66
D66
D559
CHÂTEAU PRADEAUX
l'Estagnol
St-Jean
DOMAINE TEMPIER
la Chance
N8
St-Come
le Moutin
DOMAINE DE LA NOBLESSE
le Vieux Beausset
D559
St-Cyr-sur-Mer
DOMAINE LAFRAN-VEYROLLES
300
les Lucquets
le Péras
CHÂTEAU DE PIBARNON
le Plan du Castellet
DOMAINES BUNAN
324
DOMAINE RAY-JANE
Grand Canadeau
la Migoua
CHÂTEAU STE-ANNE
DOMAINE LA LAIDIÈRE
Fontanieu
le Grand Moulin
les Baumelles
le Regard
Maren
100
DOMAINE LE GALANTIN
316
la Pointe du Cerveau
220
Alon
Poutier
le Gros Cerveau
D559
DOMAINE DE FRÉGATE
300
Port d'Alon
Ste-Ternide
200
N8
la Moutte
les Hauts de Bandol
A50
la Piote
le Lançon
Parc Bellevue
l'Escourche
Trémaillon
le Pont d'Aran
100
la Bernade
Pointe du Déffend
Ollioules
Baie de Bandol
D559
la Plaine du Roi
Pierredon
Toulon
Île Rousse
Bandol
Île de Bendor
Beau Cours
les Côtes du Plan
la Baou
Toulon
la Reppe
la Cride
Pointe de la Cride
Sanary-sur-Mer
Six-Fours-les-Plages

BANDOL

HOTELS

Castel Sainte-Anne
Sainte-Anne-du-Castellet
Tel. 4 94 32 60 08
Angenehmes Hotel mit Garten. 17 modern eingerichtete Zimmer. Im Restaurant werden regionale Gerichte serviert. Schwimmbad.

Hostellerie Bérard
La Cadière d'Azur, Tel. 4 94 90 11 43
Die 35 Zimmer sind nicht groß, aber gut ausgestattet. Außerdem 5 Suiten, Terrasse und Schwimmbad. Wundervolles Restaurant mit erstklassiger regionaler Küche. Die Weinauswahl können Sie getrost Ihrer Gastgeberin Danièle Bérard überlassen.

Hôtel de Frégate / Le Mas des Vignes
Saint-Cyr-sur-Mer, Tel. 4 94 29 39 39
Dieser schöne Hotelkomplex mit mehr als 100 Zimmern, Suiten und Villen ist ein Paradies für Golfspieler, da er in der Nähe zweier Golfplätze liegt (einer mit 18, der andere mit 9 Löchern). Außerdem gibt es Tennisplätze und ein riesiges Schwimmbad. Im Park kann man ausreiten. Restaurant mit innovativer Küche und – selbstverständlich – Weinen von der Domaine de Frégate.

Mas Lei Bancau
Le Beausset, Tel. 4 94 90 27 78
Ruhiges Hotel im Besitz eines belgischen Paares. Etwa 8 meist große Zimmer mit Dusche oder Bad. Herrliches Schwimmbad und schöner Garten. Kein Restaurant.

RESTAURANTS

Auberge de la Nonna
Le Beausset, Tel. 4 94 90 36 06
Serviert köstliche regionale Gerichte. Freundlicher Service. Ideal für Gäste des Mas Lei Bancau.

Auberge du Port
Bandol, Tel. 4 94 29 42 63
Die beste Adresse in Bandol für *fruits de mer*. Die Meeresfrüchte werden auf die verschiedensten Arten zubereitet. An der Küstenpromenade, in der Nähe des Marktplatzes.

L'Assiette Gourmande
Ollioules, Tel. 4 94 63 04 61
Große Auswahl an Fischgerichten. Mit Blick auf den kleinen Kirchplatz.

Castel Lumière
Le Castellet, Tel. 4 94 32 62 20
Verläßliches Restaurant in der Altstadt mit raffinierter provenzalischer Küche. Außerdem kleines Hotel mit 5 Zimmern.

Le Clocher
Bandol, Tel. 4 94 32 47 65
Kleines Restaurant nahe des Marktplatzes mit sorgfältig zubereiteten Fischgerichten und Meeresfrüchten.

mit 60 000 bis 65 000 Fässern an Bord von Bandol aus. Der Ort wurde zum Anziehungspunkt für zahlreiche Böttcher, die hier reichlich Arbeit fanden und jedes Jahr rund 80 000 *cayennes*, 200-Liter-Fässer, fertigten. Da der rote Bandol mindestens 18 Monate lang im Faß reifen muß, werden auch heute noch Fässer benötigt, allerdings gibt es in der ganzen Region inzwischen nur noch einen Böttcher in Ollioules.

Im Hafen von Bandol liegen heute nur noch Vergnügungsboote, und die Winzer haben ihren Sitz in den Dörfern im Landesinneren. Ihre Rotweine sind relativ gerbstoffreich und von eleganter Festigkeit. Sie weisen ein Aroma von roten und schwarzen Beeren und Korinthen sowie einen Hauch von Gewürzen und Holz auf. Die wichtigste Rebsorte ist Mourvèdre, die im warmen, trockenen Mikroklima von Bandol prächtig gedeiht. Roter Bandol soll mindestens 50 Prozent davon enthalten, und die Weine müssen 18 Monate im Faß ausgebaut werden. Sie verbessern sich noch, wenn man sie einige Jahre in der Flasche reifen läßt. Rote Bandol-Weine passen wegen ihres pfeffrigen Bisses hervorragend zu Wildgerichten.

Auch die Rosés sind würzig und eignen sich gut zu Tomatengerichten. Die Weißweine kombinieren ein scharfes Anisaroma mit großer Fruchtigkeit und Frische.

ZWISCHEN SAINT-CYR UND BANDOL

Den Ausgangspunkt dieser Tour, Saint-Cyr-sur-Mer, erreicht man über die Autoroute Marseille-Toulon. Der typische Touristenort Saint-Cyr und der nahegelegene Strand Les Lecques sind beliebte Urlaubsziele. Auf der Place de la Mairie steht eine kleine Replik der Freiheitsstatue von Bartholdi, dem Bildhauer, der auch das amerikanische Original schuf. Sehr interessant ist das Musée de Tauroecentum an der Küstenstraße, das griechische und römische Fundstücke sowie die konservierte Leiche eines 5jährigen Kindes aus dem 4. Jahrhundert beherbergt.

Von Saint-Cyr aus folgt man der D 86 nach Sainte-Anne-du-Castellet, einem der zur Gemeinde Le Castellet gehörenden Dörfer. Abgesehen von mehreren Weingütern ist hier eine Kirche aus dem Jahre 1622 zu besichtigen. Wer etwas Abwechslung möchte, sollte sich die Rennstrekke Paul Ricard in der Nähe von Le Camp-du-Castellet anschauen, auf der Auto- und Motorradrennen abgehalten werden. Außerdem gibt es dort ein Automobilmuseum.

Der alte, befestigte Ort Le Castellet beherrscht vom Gipfel eines steilen Hügels die umliegende Landschaft. Da er nur zu Fuß angesteuert werden kann, sollte man seinen Wagen auf dem kostenpflichtigen Parkplatz am Ortsrand abstellen. Die steilen Straßen sind von mehr oder minder auf Touristen zugeschnittenen Läden, Galerien, Cafés und Restaurants gesäumt. Die Kirche Saint-Sauveur wurde im 11. Jahrhundert in schlichtem romanisch-karolingischen Stil erbaut. In einem der Flügel des Schlosses aus dem 10. Jahrhundert ist das Rathaus untergebracht.

La Fontaine des Saveurs
Le Beausset, Tel. 4 94 98 50 01
Rustikaler kleiner Speisesaal. Köstliche Gerichte aus frischen Zutaten, z. B. *timbale de rougets sauce safranée.*

La Grange
Le Beausset, Tel. 4 94 90 40 22
Sehr beliebt bei den Einheimischen. Bekannt für seine Grillgerichte. Ländliches Ambiente.

Le Poivre d'Ane
Sainte-Anne-d'Evenos
Tel. 4 94 90 37 88
Traditionelle Fisch-, Fleisch- und Wildgerichte. Versuchen Sie den in Olivenöl eingelegten Ziegenkäse. Hübsche Terrasse.

MÄRKTE

Saint-Cyr-sur-Mer – Am Sonntag sowie in der Hochsaison am Mittwoch und Samstag
La Madrague – Jeden Donnerstag im Juli und August
Le Beausset – Freitag
Ollioules – Donnerstag und Samstag
La Cadière d'Azur – Donnerstag
Bandol – Dienstag

WEINVERANSTALTUNGEN

Weinproben – An der Uferpromenade in Bandol kann man die Weine der Region verkosten.
Weinfest – Anfang Dezember findet in Bandol die Fête du Millésime des Vins de Bandol statt.

EMPFOHLENE ERZEUGER

SAINT-CYR-SUR-MER

Château des Baumelles
Eindrucksvolles Gebäude aus dem 13. Jahrhundert. Interessanter Rotwein mit reichem, angenehmem Bukett. Sehr lagerfähig.

Château Pradeaux
Gute, lange in Holz ausgebaute Rotweine, die bis zu 15 Jahre gelagert werden sollten. Das historische Château produziert außerdem interessante Roséweine.

Domaine du Cagueloup
Feiner Weißwein mit grünlicher Tönung und vollem Geschmack. Auch fleischiger Rosé sowie nach Lakritze duftender Rotwein aus 70 % Mourvèdre und 30 % Grenache.

Domaine de Frégate
Leichter Weißwein mit Grapefruitaroma, ein köstlicher, salziger Rosé sowie ein ausgewogener, pfeffriger Rotwein. Verglichen mit anderen, sind die Weine recht leicht.

Links: *Die Domaine de Souviou in Bandol blickt auf eine lange Geschichte der Wein- und Olivenproduktion zurück und wurde kürzlich erfolgreich modernisiert.*

SAINTE-ANNE-DU-CASTELLET
Château de Castillon
Ausgewogener Rosé mit etwas bitterem Abgang.
Domaine de la Bastide Blanche
Einige besondere Weine, darunter der rote La Serre und ein ansprechender, zitronig frischer Rosé.

LE CAMP-DU-CASTELLET
Domaine de la Bégude
Die in der Nähe der bekannten Rennbahn gelegene Domaine erzeugt gepflegten Weißwein mit reifem Fruchtgeschmack.

LE BRULAT-DU-CASTELLET
Domaine de la Tour du Bon
Das erst kürzlich eingerichtete Gut produziert süffige Rot-, Rosé- und Weißweine.

LE CASTELLET
Château Romassan
Eines der Güter der Familie Ott, auf dem v. a. Rosé produziert wird. Der unter dem Namen Cœur de Grain bekannte Wein verkauft sich sehr gut, ist verläßlich und von hoher Qualität. In weniger großem Umfang werden unter dem Namen Rouge Longue Garde roter Bandol sowie ein Weißwein mit zartem Honigduft erzeugt.
Domaine de l'Olivette
Schöne *bastide* mit einem Taubenschlag. Zarter, blumiger Weißwein und blaßer, lachsfarbener Rosé.
Domaine de la Vivonne
Die Roten sind von bester Qualität mit großem Anteil an Mourvèdre. Sie werden in Holz ausgebaut und schmecken nach schwarzen Oliven.

LE BEAUSSET
Domaine de l'Hermitage
Alle Weine sind von hoher Qualität und schmecken nach Gewürzen, Leder und Pfeffer. Der Rote eignet sich gut zur Lagerung. Auch gefällige Rosé- und Weißweine.
Domaine Mazet de Cassan
An einer malerischen Straße. Bekannt für guten Rosé mit ansprechender orangefarbener Tönung sowie für gefällige Weißweine.
Domaine de Souviou
Uraltes Gut, das sowohl Trauben als auch Oliven anbaut. Aromatischer Weißwein, erfrischender Rosé und ein Rotwein aus 75 % Mourvèdre mit angenehmem Backpflaumen- und Kirschenbukett.

SAINTE-ANNE-D'EVENOS
Château Sainte-Anne
Ein Gut, das auf das 16. Jahrhundert zurückgeht. Exzellente Weine.
La Laidière
Besserer Erzeuger. Eleganter Rosé und ausgewogener Rotwein.

Nach kurzer Fahrt gelangt man nach Le Beausset, einem mittelgroßen Ort, der sich um eine Kirche aus dem 19. Jahrhundert gruppiert. Vor dem Rathaus liegt ein hübscher dreieckiger Platz mit einer kleinen Weinkelter.

Fahren Sie auf der N 8 nach Le Beausset-Le Vieux, von wo aus man einen herrlichen Blick über Le Beausset und Umgebung hat. Die romanische Kapelle besitzt eine interessante Holzstatue der Jungfrau Maria und zieht am Ostermontag und Pfingstsonntag Tausende von Pilgern an. Biegen Sie in Sainte-Anne-d'Evenos auf die D 462 nach Evenos ab. Man durchquert zunächst eine tiefe Schlucht und erreicht über eine kurvenreiche Straße schließlich den Ort, von dem man einen phantastischen Rundblick über die Schluchten von Ollioules genießt.

Ollioules erzeugt zwar auch Wein, ist jedoch hauptsächlich für seine Blumen berühmt. Hier wird am Montag, Mittwoch und Freitag der größte Blumenmarkt Frankreichs abgehalten. An dem hübschen kleinen Platz in der Ortsmitte stehen das Rathaus und die Kirche Saint-Laurent. Anschließend nimmt man die D 11 zu dem Fischerdorf Sanary-sur-Mer und dann die Küstenstraße N 559.

Bandol selbst ist ganz auf Touristen ausgerichtet. Die wunderschöne Strandpromenade ist von Palmen bestanden. Daneben, auf der angenehm schattigen Place de la Liberté, wird täglich ein Markt abgehalten. Die Stadt eignet sich mit ihren hervorragenden Hotels ausgezeichnet für ein paar entspannte Ruhetage.

Die Ile de Bendor liegt nur eine kurze Bootsfahrt vor Bandol. Auf der kleinen idyllische Insel mit ihrem typisch provenzalischen Dorf befindet sich ein Museum, das Wein und Spirituosen gewidmet ist. Von Bandol aus folgt man, an Verkaufständen mit Blumen und Wein vorbei, der Straße zurück nach Le Beausset. Achten Sie auf die Abzweigung zu den berühmten Gütern von Domaines Bunan und dem Jardin Exotique, in dem Blumen und Tiere zu bewundern sind. Weiter geht es auf der D 66 über Le Plan-du-Castellet nach La Cadière d'Azur. Im mittelalterlichen Ortskern des 1000 Jahre alten Bergdorfs sind die befestigten Stadttore, die auf den Grundmauern eines mittelalterlichen Schlosses erbaute Kapelle Sainte-Magdeleine sowie die Kirche Saint-André aus dem 16. Jahrhundert zu sehen.

Zum Abschluß der Bandol-Tour nimmt man die D 266 über La Madrague und Les Lecques nach Saint-Cyr. Als Zwischenstop eignet sich der Moulin de Saint-Côme, eine noch im Betrieb befindliche Mühle, in der Olivenöl und viele andere Erzeugnisse der Region verkauft werden.

Links: *Die Domaine de Frégate erzeugt nicht nur Wein, sondern umfaßt auch eine Ferienanlage .*

Oben: *Die terrassenförmigen Weinberge in Bandol erfordern ein beachtliches Maß an Handarbeit.*

OLLIOULES

Domaine de Terrebrune
Unweit der Gorges d'Ollioules. Bietet zwischen Juni und Oktober erstklassiges Essen, zu dem rote Bandol-Weine gereicht werden (auch alte Jahrgänge). Die Weine dieses Guts schmecken stark nach *herbes de provence*.

LE PLAN-DU-CASTELLET

Domaine Ray-Jane
Neben einem robusten Rotwein und einem aromatischen Rosé hat diese Domaine ein interessantes Musée de la Tonnellerie mit alten Böttcher-Werkzeugen und einem über 250 Jahre alten Faß aufzuweisen.

LA CADIERE D'AZUR

Château de Pibarnon
Domaine mit Berglage und Meerblick. Ihr Roter und ihr Rosé zählen zu den besten Bandol-Weinen.

Château Salettes
Der Keller befindet sich in einer Olivenmühle. Der Weißwein hat dieselbe grünliche Tönung wie Olivenöl. Der Rotwein ist voll und fruchtig.

Château Vannières
Der Rotwein schmeckt nach Trüffeln und Backpflaumen. Der weiße Perle d'Azur und die rosé Cuvée Spéciale sind ebenfalls empfehlenswert.

Coopérative La Cadièrenne
Unweit der Autobahn und gerne besucht. Leuchtendrosa Roséwein mit köstlichem Fruchtgummigeschmack.

Domaines Bunan
Historisches Gut im Familienbesitz, kürzlich modernisiert. Die Weine haben sich seither merklich verbessert.

Château La Rouvière
Eines von mehreren Gütern im Besitz dieses großen Erzeugers. Man erreicht es über eine schmale, gewundene Straße. Erlesene Rot-, Weiß- und Roséweine. Eines seiner Etiketten ist Moulin des Costes.

Domaine Lafran-Veyrolles
Ein kleines, seit rund drei Jahrhunderten etabliertes Gut mit außerordentlich erfolgreichen Weinen. Der Rotwein besteht zu 85 % aus Mourvèdre. Außerdem wird hier guter Weiß- und Roséwein erzeugt.

Domaine de la Noblesse
Noble Weine mit kraftvollem Charakter. Die Rotweine müssen einige Jahre in der Flasche reifen.

Château Roche Redonne
Der eindrucksvollste Wein dieses jungen Gutes ist sein würziger, ausgewogener Roter.

Coopérative Moulin de la Roque
Guter Rotwein unter dem Etikett Sélection.

Toulon und der Süden der Côtes de Provence

Im Tal an der Nordflanke des Massif des Maures werden große Mengen von Côtes de Provence erzeugt. Dazu gehören Rot-, Weiß- und Roséweine, die zu einem großen Teil in den Touristenbars und Restaurants der Côte d'Azur Absatz finden. Die breiteste Stelle dieses Tals liegt bei Toulon. In Richtung Pignans, rund 35 Kilometer weiter nordöstlich, wird es schmäler. Unsere Tour durch dieses Weintal beginnt in Cuers, einem großen, von modernen Wohngebieten umgebenen Ort. Die meisten Häuser im Ortskern stammen aus dem 17. und 18. Jahrhundert. Sehr schön ist auch das Innere der Kirche Saint-Pierre, deren wundervoller Hauptaltar aus verschiedenfarbigem Marmor gefertigt ist. Die auf einem Hügel gelegene Kapelle wurde zum Dank dafür erbaut, daß das Dorf von der Cholera-Epidemie des Jahres 1878 verschont blieb.

Der nächste Ort, Puget-Ville, bezeichnet sich selbst als «capitale du bon vin». Mehrere Hundert Familien leben hier ganz oder teilweise vom Weinbau. Auf der Place de la Liberté steht eine Statue der Jagdgöttin Diana. Der erhöhte Platz liegt in der Ortsmitte und ist von schmalen Häusern umgeben. Achten Sie auf die traditionelle Platanenallee entlang der nach Norden führenden N 97.

Carnoules besaß einst das einzige Eisenbahndepot zwischen Marseille und Nizza, und oft standen hier bis zu 100 Dampflokomotiven gleichzeitig. Die Lokomotive neben der N 97 erinnert an diese Ära. Das alte Dorf selbst liegt an einer Hügelflanke und wird von einer Kirche überragt. Sehenswert ist der Glockenturm mit seinen Schmiedearbeiten und eine restaurierte Olivenmühle, in der Ausstellungen abgehalten werden.

Pignans, der nördlichste Punkt dieser Tour, hat eine sehr schöne Kirche mit herrlichen Gemälden sowie einige interessante Weingüter aufzuweisen. Auf der Place des

Links: *Hyères war im 19. Jahrhundert ein vor allem bei Engländern beliebtes Seebad.*

Oben: *Auffällige Schmiedearbeiten zieren den Kirchturm von Carnoules.*

TOULON

RESTAURANTS

Le Lingousto
Cuers, Tel. 4 94 28 69 10
Das beste Restaurant der Region, an der Straße nach Pierrefeu. Das in einer kleinen *bastide* untergebrachte Restaurant hat recht große Speisesäle und eine romantische, von Platanen umstandene Terrasse. Einfallsreiche, großzügige Gerichte mit ländlichem Touch.

La Tuilière
Carnoules, Tel. 4 94 48 32 39
Rosafarbene Villa an der N 97 zwischen Puget-Ville und Carnoules. Gute, preiswerte provenzalische Küche und freundliche Bedienung.

MÄRKTE

Pierrefeu-du-Var – Im Sommer findet an jedem vierten Samstag des Monats ein Flohmarkt statt
Cuers – Freitag
Puget-Ville – Samstag
Carnoules – Freitag
Pignans – Donnerstag

EMPFOHLENE ERZEUGER

CUERS

Château de Gairoird
Erzeugt guten Weißwein.

Domaine de la Moutète
In einer 200 Jahre alten *bastide*. Lebendige Weiß- und blumige Roséweine.

PUGET-VILLE

Château du Puget
Produziert mehr Rot- als Roséwein.

Coopérative
Angenehme rote Côtes-de-Provence-Weine, die unter verschiedenen Bezeichnungen zu vernünftigen Preisen verkauft werden. Verwendet manchmal auch den Namen Cellier Saint-Sidoine.

Domaine de Grandpré
Robuste rote Cuvée Spéciale. Der Besitzer sammelt Oldtimer.

CARNOULES

Domaine du Grand Cros
Der kanadische Besitzer stellt köstliche Rot- und Roséweine her.

PIGNANS

Château Barbeiranne
Hochmoderner Keller in einem Château aus dem 18. Jahrhundert, das Wert auf den Ausbau in Holz legt. Gute Rosé- und Weißweine.

Domaine de la Cressonnière / Domaine de Rimauresq
Führendes Weingut inmitten eines Parks. Exzellenter, konzentrierter Rotwein sowie köstlicher Rosé- und Weißwein.

Ecoles steht eine Statue von Jules Gérard, der sich im letzten Jahrhundert als Löwenjäger einen Namen machte.

Folgen Sie der D 78 und der D 13 durch das Tal von Réal Martin nach Pierrefeu-du-Var. In der Nähe des Parkplatzes am Ortsrand liegt eine große Terrasse mit herrlichem Ausblick. Das auffällige, schwingenförmige Denkmal aus grauem Stein erinnert an das Luftschiff Dixmude, das in der Nähe stationiert war und 1923 verloren ging. Die Kirche Saint-Jacques-le-Majeur wird momentan sorgfältig restauriert. Fahren Sie weiter auf der D 12, die unweit von Hyères auf die N 98 führt.

VON HYERES NACH SAINT-TROPEZ

Der alte Kurort Hyères ist eine große Stadt mit eleganten, palmenbestandenen Boulevards. Das Stadtzentrum liegt an einer Hügelflanke und wird von den Ruinen eines großen Schlosses beherrscht. Ein guter Ausgangspunkt für

Links: *Blick auf Hyères von der Villa de Noailles. Das kubistische, von Mallet-Stevens in den 20er Jahren entworfene Anwesen wurde von sämtlichen Malern des Surrealismus besucht.*

einen Rundgang durch die Stadt ist der gepflasterte Platz in den Alphonse-Denis-Gärten. Achten Sie auf den ungewöhnlichen Brunnen mit den wasserspeienden Kranichen und auf die Statue von Karl I. von Anjou, der Hyères 1257 eroberte. Man geht weiter zur Place de la République, mit der aus dem 16. Jahrhundert stammenden Kirche Saint-Paul. Mehr über die Geschichte der Stadt erfahren Sie im Musée Municipal. Sehr sehenswert ist auch die Villa de Noailles, die Mitte der 20er Jahre im Avantgardstil jener Zeit, dem Kubismus, erbaut wurde.

Von einer südlich von Hyères gelegenen Halbinsel aus bestehen regelmäßige Fährverbindungen zur Ile de Porquerolles, einer hübschen autofreien Insel, auf der sowohl Campingplätze als auch das Rauchen verboten sind. Sie wirkt wie ein einziger großer Park, und dank ihres hervorragenden Mikroklimas, das auch für den Rebbau ideal ist, gedeihen hier prächtige Feigen- und Eukalyptus-

PIERREFEU-DU-VAR

Château Montagne
Erzeugt tiefrote Cuvée du Coseigneur. Gerbstoffreich und robust.

Château de la Tour de l'Evêque
Einst im Besitz des Bischofs von Toulon. Geschmackvoll restaurierte Keller mit alten Keltern. Schöner Brunnen und angenehme Weine, darunter die rote Cuvée Clos Caliguade. Die Cuvée Pétale de Rose ist ein sehr leichter und zarter Roséwein.

Domaine de l'Aumérade
400 Jahre altes Weingut mit beinahe 1000 Hektar Weingärten. Gehört zur Fabre-Cordier-Gruppe. 1994 feierte die Familie Fabre den 400jährigen Geburtstag der Domaine mit der Eröffnung eines *santon*-Museums. Einige der bemalten Figurinen sind ausgesprochen selten. Verläßliche Weine, die unter dem Namen verschiedener Domaines verkauft werden, sowie Cuvées.

Domaine de Peigros
Gefälliger Rotwein mit einem reichen Aroma von getrockneten Früchten, der früh getrunken werden sollte.

Domaine Saint-Pierre-les-Baux
Im Besitz der Böttcher-Familie Kennel.

HYERES

HOTELS

Bello Visto
Gassin, Tel. 4 94 56 17 30
Auf der Terrasse des Ortes. 9 Zimmer (7 mit Dusche, 2 mit Bad). Nicht sehr geräumig, aber mit modernem Komfort. Restaurant mit großer Terrasse. Provenzalische Küche von ordentlicher Qualität.

La Vigne de Ramatuelle
Ramatuelle, Tel. 4 94 79 12 50
Relativ neues Restaurant mit Terrasse und Blick über einen Weingarten. Alle 13 Suiten haben eine eigene Terrasse und sind sehr komfortabel ausgestattet (mit Klimaanlage). Großer Garten, Schwimmbecken mit Wasserfall. Etwas außerhalb des Ortes, in der Nähe der Strände.

RESTAURANTS

Au Fil à la Pâte
Ramatuelle, Tel. 4 94 79 27 81
Kleines Restaurant, dessen Spezialität frische Pasta und provenzalische Gerichte der Region sind.

Le Jardin de Perlefleurs
Bormes-les-Mimosas
Tel. 4 94 64 99 23
Geniale provenzalische Küche, häufig von hoher Qualität (*soupe de rouget au bourride, crème brûlée* mit Kastanienkonfitüre). Die eindrucksvolle Weinkarte umfaßt zahlreiche Erzeugnisse der Region.

Lou Portaou
Bormes-les-Mimosas
Tel. 4 94 64 86 37
Ländliche Inneneinrichtung mit vielen alten Gemälden. Recht traditionelle, aber angemessene Küche. Kleine Terrasse in einer überdachten Passage.

L'Oustaou
Porquerolles, Tel. 4 94 58 30 13
Für ein ungezwungenes Mittagessen auf dem Marktplatz (Gegrilltes, Pizza, etc.). Auch einige Hotelzimmer.

La Petite Auberge de Barbigoua
La Croix-Valmer, Tel. 4 94 54 21 82
Geheimtip der Einheimischen auf einem Hügel zwischen Cavalaire und La Croix-Valmer. Köstliche Gerichte aus marktfrischen Zutaten.

La Tonnelle des Délices
Bormes-les-Mimosas
Tel. 4 94 71 34 84
Freundliches Restaurant mit sehr guter provenzalischer Küche. Morgens gegen 11 Uhr gibt es warmes *pain de campagne*.

MÄRKTE

Hyères – Täglich auf der Place de la République; um den 24. August findet ein Knoblauchmarkt statt
Bormes-les-Mimosas – Mittwoch und im Sommer auch am Freitagabend
La Croix-Valmer – Sonntag
Ramatuelle – Donnerstag und Sonntag

REISETIPS

La Croix-Valmer – In der Nähe des Cigaro-Strandes befindet sich ein kleines Museum, das der regionalen Flora und Fauna gewidmet ist.
Ramatuelle – Der Maler André Quellier besitzt hier ein Studio, in dem Gemälde ausgestellt und verkauft werden.
Golfplätze – Golf de Valcros (La Londe-les-Maures), Golf du Lavandou (Le Lavandou).

VERANSTALTUNGEN

Bormes-les-Mimosas – Blumenparade im Februar; Schnittblumen-Fest Ende April; Stadtfest an Pfingsten.
Musikfestival – Im Juli veranstalten Bormes-les-Mimosas und Ramatuelle Musikfestivals (Jazz und Klassik).
Gassin – Das Dorffest findet am oder um den 10. August statt.

bäume. Die drei Weingüter der Insel produzieren einige berühmte Weine, darunter jene der Domaine de la Courtade. Das Conservatoire Botanique de Provence ist ein wahres Paradies für Pflanzenfreunde.

Von der Halbinsel aus folgt man der Beschilderung zur N 98 nach Saint-Tropez. La Londe-les-Maures, das erste Dorf auf dieser Etappe, besitzt neben einigen Weingütern auch einen tropischen Vogelpark, in dem zahlreiche Tukane zu Hause sind.

Bormes-les-Mimosas ist ein sehr schön erhaltenes Dorf hoch auf einem Hügel. Mimosen und blühende Sträucher säumen die schmalen Gassen des Ortes, in dem zahlreiche Künstler und Kunsthandwerker leben. Durchgänge und Stufen führen zu malerischen kleinen Plätzen, die gelegentlich unerwartete Rundblicke eröffnen. Bormes-les-Mimosas besitzt ein Museum für Kunst und Geschichte. Überhalb des Städtchens erheben sich die Ruinen eines Schlosses aus dem 12. Jahrhundert. Auf der Halbinsel südlich von Bormes liegt das Château de Brégançon, die offizielle Residenz des französischen Staatspräsidenten.

Die kurvenreiche Küstenstraße verläuft zwischen dem Massif des Maures und dem Meer und bietet herrliche Ausblicke über Buchten und Kliffe. Weingärten sind erst wieder in La Croix-Valmer zu sehen, einem typischen

Oben: *Der rote Côtes de Provence der Domaine de Rimauresq wird von Kennern sehr geschätzt.*

Links: *Diese von Palmen umstandenen Weinreben in La Croix-Valmer wachsen unter beinahe tropischen Bedingungen.*

WEINVERANSTALTUNGEN

Vignades – Am dritten Sonntag im Juli kann man während der *vignades* in Hyères Hunderte von Côtes-de-Provence-Weinen verkosten.

Weinfest – Am ersten Sonntag im Juli in Ramatuelle.

EMPFOHLENE ERZEUGER

ILE DE PORQUEROLLES

Domaine de la Courtade

Beeindruckende, teure Weine von einem hochtechnisierten, in den 80er Jahren eingerichteten Gut. Der Rotwein wird aus Mourvèdre und etwas Syrah erzeugt. Er reift lange in Fässern und wird nicht filtriert. Der Weißwein hat ein grasiges, blumiges Bukett und duftet, ähnlich wie weißer Graves, nach Holz (9monatige Lagerung in der Barrique).

LA LONDE-LES-MAURES

Château du Galoupet

Herrliche Lage mit Meerblick, reich an mediterraner Flora. Traditioneller, körperreicher und kraftvoller Weißwein.

Château de Jasson
Die rosé Cuvée Eléonore ist ein duftiger und komplexer Wein.
Château Maravenne
Sehr erfolgreiche Rot-, Rosé- und Weißweine. Der edle Perle de Rosée (Tautropfen) wird in einer auffälligen Flasche verkauft.
Château Sainte-Marguerite
Ein hervorragendes Gut. Kraftvoller Rotwein und ein köstlicher Weißer namens M de Marguerite. Der Rosé gilt als einer der besten der Provence.
Clos Mireille
Herstellungsort eines herausragenden (aber teuren) Weißweins. Herrliche Küstenlage. Gehört zu den Weingütern der Familie Ott.
Domaine Saint-André-de-Figuère
Seit einem Besitzerwechsel im Jahre 1992 sind die Weine besser denn je.

BORMES-LES-MIMOSAS
Domaine de l'Angueiron
Schöne Aussicht auf den Hafen von Bormes und die Küste. Der Weißwein ist frisch und zitronig. Auch der Rotwein ist gut.
Domaine de la Malherbe
Eine der besten Domaines der Côtes de Provence. Ehemals Teil der Präsidentenresidenz Fort de Brégançon. Rot-, Weiß- und Roséweine.
Domaine de Sainte-Marie
Der Name bezieht sich auf eine Statue, die zum Gedenken an die Cholera-Epidemie von 1887 errichtet wurde. Die leichte weiße Cuvée Spéciale ist gefällig und sollte früh getrunken werden.
Domaine de la Sanglière
An der Straße zum Château de Brégançon. Der Rotwein reift in Holzfässern und ist daher von samtiger Geschmeidigkeit. Er eignet sich zur Lagerung.

LA CROIX-VALMER
Domaine de la Croix
Dieses Gut füllte als eines der ersten Côtes de Provence ab.

RAMATUELLE
Château de Pampelonne
Sehr erfolgreicher Rotwein, der von Les Maîtres-Vignerons de la Presqu'lle de Saint-Tropez vermarktet wird (siehe Gassin).
Domaine des Tournels
Rote Cuvée Rayne und andere gute Weine.

Badeort mit breiten Stränden, an denen 1944 die ersten Boote der Befreiungsarmee landeten. Die Ortschaft verdankt den ersten Teil ihres Namens dem auf einem Berggipfel errichteten Kreuz zum Gedenken an den römischen Kaiser Konstantin.

Man verläßt die N 559 und fährt weiter auf der D 93, von der man einen herrlichen Ausblick hat. Die Straße erklimmt ein Plateau, auf dem Sie der blühende Touristenort Ramatuelle mit Boutiquen, Kunstwerkstätten, Cafés und einem Dutzend Restaurants willkommen heißt. Die äußeren Häuserreihen und das sarazenische Tor lassen erkennen, daß Ramatuelle einst ein befestigtes Dorf war. Die Kirche Notre-Dame stammt aus dem 16. Jahrhundert und ist Teil der alten Stadtbefestigung. Viele Besucher pilgern zum Friedhof des Ortes, auf dem der berühmte französische Schauspieler Gérard Philipe begraben liegt.

Der kleine Ort Gassin hat neben einem herrlichen Ausblick mehrere Restaurants und eine hervorragende Kunstgalerie zu bieten. Fahren Sie auf der steilen Straße am Château Minuty vorbei zur D 98, die links nach Cogolin und Grimaud und rechts nach Saint-Tropez führt.

GASSIN

Château Barbeyrolles
Rosé-, Weiß- und Rotweine.

Château Minuty
Sehr verläßlich. Versuchen Sie die Cuvées Spéciales, besonders den Rosé. Er ist blaß, aber voll exotischem Fruchtgeschmack. Die gleiche Familie leitet auch die Domaine Farnet.

Les Maîtres-Vignerons de la Presqu'Ile de Saint-Tropez
In der Nähe der Kreuzung von N 559 und N 98. Dynamischer Zusammenschluß von Winzern mit einigen köstlichen Weinen. Es ist ungewöhnlich für eine Genossenschaft, sich auf diese Weise einen Namen zu machen. Zu den besten Weinen gehören der rote Carte Noire, der sich für langjährige Lagerung eignet, sowie die Rotweine von Château Farambert, Château de Pampelonne und Château Saint-Martin La Toche. Ein attraktiver Laden verkauft Wein und andere Spezialitäten aus der Provence.

Links: *Das malerische Ramatuelle besitzt hübsche Gassen und Arkaden. Der Ort ist außerdem ein bedeutender Erzeuger von hochwertigem Côtes de Provence.*

Unten: *Nachmittags entspannt man sich bei einer Runde* pétanque.

HOTELS

Hôtel Mas Bellevue
Saint Tropez, Tel. 4 94 97 07 21
Ruhig gelegenes Etablissement an der Route de Tahiti. 40 komfortable Zimmer. Es gibt auch ein Restaurant, in dem Gäste u. a. einen *plat du jour* bestellen können.

Athénopolis
Grimaud, Tel. 4 94 43 24 24
Dieses 1990 erbaute Hotel trägt den alten griechischen Namen Grimauds. Die 11 geschmackvoll eingerichteten Zimmer sind mit allem Komfort ausgestattet. Herrliches Schwimmbad, dessen Form vielleicht nicht jedermanns Sache ist.

Coq Hôtel
Cogolin, Tel. 4 94 54 63 14
26 komfortable Zimmer mit Blick auf den Dorfplatz. Garten zur Rückseite, in dem man auch essen kann.

Hostellerie du Coteau Fleurie
Grimaud, Tel. 4 94 43 20 17
14 hübsche Zimmer in einem Hotel nördlich der Ortsmitte. Bitten Sie um ein Zimmer mit Bergblick, oder genießen Sie den Blick von der Terrasse.

RESTAURANTS

Bistrot des Lices
Place des Lices, Saint-Tropez
Tel. 4 94 97 29 00
Hervorragende, einfallsreiche Gerichte. Speisesaal im Stil des Fin de siècle. Terrasse.

La Bretonnière
Grimaud, Tel. 4 94 43 25 26
Neben dem Hôtel Coteau Fleurie. Nüchternes Ambiente, doch kreative Küche.

L'Echalotte
Rue Allard, Saint-Tropez
Tel. 4 94 54 83 26
Kleines Restaurant mit einem für das teure Saint-Tropez sehr guten Preis-Leistungs-Verhältnis.

Le Grille à Jeanine
La Garde-Freinet, Tel. 4 94 43 69 13
Herrlich überladene Inneneinrichtung und Terrasse. Nahrhafte ländliche Gerichte aus der Provence und aus Italien (*osso buco, lasagna*).

Saint-Tropez

Saint-Tropez, das berühmteste Seebad Frankreichs, zieht eine Rekordzahl von Gästen an. Zwischen Frühjahr und Spätherbst wird die kleine Stadt Tag für Tag von Tausenden von Touristen besucht. Im Sommer, insbesondere an den Wochenenden und um die Mittagszeit, platzt die Stadt aus allen Nähten. Die Campingplätze sind völlig überlaufen, und die Stadtverwaltung hat oftmals Schwierigkeiten, die öffentlichen Einrichtungen funktionsfähig und den Ort sauber zu halten. Die Stadt verdankt ihre Beliebtheit zu einem großen Teil Brigitte Bardot und anderen Berühmtheiten des Jet-Set, die Saint-Tropez zu einem Ort des Sehens und Gesehenwerdens machten.

Daß Saint-Tropez ein Tummelplatz der Reichen ist, läßt sich auch an den im Hafen vertäuten Segelbooten und Luxusyachten ablesen. Dennoch ist ein Besuch in Saint-Tropez immer wieder ein Vergnügen. Am besten wählen Sie einen Vormittag unter der Woche und stellen Ihren Wagen auf dem riesigen Parkplatz am *nouveau port* ab. Am Südende des *vieux port* befindet sich das

Rechts: *Eine Windmühle thront über dem pittoresken mittelalterlichen Ort Grimaud.*

Ganz rechts: *Saint-Tropez hat mehr zu bieten als den Strand und den Hafen. Die Altstadt lohnt durchaus einen Besuch.*

Le Lézard
La Garde-Freinet, Tel. 4 94 43 62 73
Mit Pianobar und Jazzclub. Umfangreiche Speisekarte *(lapin aux cèpes)* mit vernünftigen Preisen.

Les Santons
Grimaud, Tel. 4 94 43 21 02
Provenzalisches Dekor und sehr gute Küche.

MÄRKTE

Saint-Tropez – Dienstag und Samstag (Place des Lices)
Cogolin – Mittwoch
Grimaud – Donnerstag
La Garde-Freinet – Mittwoch und Samstag

REISETIPS

Golfplätze – In der Gemeinde Grimaud gibt es 2 Golfplätze, Beauvallon (9 Löcher) und La Vernatelle (Übungsplatz). Außerdem liegt 10 Kilometer außerhalb von Saint-Tropez der Golf de Sainte-Maxime mit 18 Löchern.

VERANSTALTUNGEN

Les Bravades – Spektakuläres Festival in Saint-Tropez mit Kostümparade und Gesang. Von 16. bis 18. Mai.
Tanzfestival – In Grimaud findet im Juli und August ein Festival des klassischen Tanzes statt.
Nioulargue – Großes Segel-Event am ersten Oktoberwochenende.

WEINVERANSTALTUNGEN

La Route du Rosé – Eine Ende September abgehaltene Segelregatta, die den Namen des regionalen Rosé-Weins trägt.
Fête des Vignerons – Ende August in Grimaud.

Musée de l'Annonciade mit seiner sehenswerten Sammlung von Gemälden aus den Jahren 1890 bis 1950. Die Rue Etienne Berny verläuft rechtwinklig zum alten Hafen. Das Maison des Papillons im Haus Nummer 9 beherbergt eine Sammlung von mehr als 4500 Schmetterlingen.

Die schmalen Gassen gegenüber des Rathauses führen zur Kirche Notre-Dame de l'Assomption aus dem 18. Jahrhundert mit einer wundervollen Kanzel des Bildhauers

Vian. Anschließend besucht man die hoch über Saint-Tropez thronende Zitadelle. In ihrem Verlies ist heute ein Seefahrtmuseum untergebracht, in dem zahlreiche Ausstellungsstücke zur Stadtgeschichte zu sehen sind. Auf dem Rückweg sollten Sie einen Umweg zur berühmten Place des Lices (heute die Place Carnot) machen, einem quadratischen Platz mit Cafés und Restaurants, die abends und zur Mittagszeit völlig überfüllt sind.

Oben: *Viele der Boote im Hafen von Saint-Tropez verlassen nie ihren Anlegeplatz. An Bord der Privatyachten werden unter den neidischen Blicken der Passanten ostentativ rauschende Feste gefeiert.*

EMPFOHLENE ERZEUGER

COGOLIN

Château Garcinières
Von schattenspendenden Bäumen umgebenes Schloß aus dem 12. Jahrhundert. Einwandfreier roter, weißer und rosé Côtes de Provence. Die besten Weine heißen Cuvée de Prieuré.

Château Saint-Maur
Dieses Gut ist nach dem Schutzheiligen des Ortes benannt.

GRIMAUD

Domaine de la Tourré
Traditionell erzeugter Rotwein. Die Domaine ist seit fünf Generationen im Besitz der Familie.

LA GARDE-FREINET

Château des Launes
Der einzige örtliche Weinproduzent. Köstliche Weine, darunter verschiedene Rote.

Rechte Seite: *Bougainvillea gedeiht, wie hier in Grimaud, im provenzalischen Klima prächtig.*

Der bedeutendste Weinerzeuger in Saint-Tropez ist die örtliche Genossenschaft in der Rue du Temple, nahe der Place des Lices. Verlassen Sie Saint-Tropez auf der D 98, und biegen Sie am Kreisverkehr rechts nach Port Grimaud ab, einem modernen Venedig, in dem jedes Haus direkt am Wasser liegt. Unsere Tour führt auf der N 8 weiter nach Cogolin. Dieser Ort stellt eine besondere Art von Bruyèrepfeifen sowie Bambusmöbel, Töpferwaren, Rohrblätter für Blasinstrumente, Zinngegenstände und Teppiche her, die in der ganzen Welt berühmt sind. Einige davon zieren den Elysée-Palast und das Weiße Haus. In der Manufacture des Tapis de Cogolin, in der Avenue Louis Blanc, kann man zuschauen, wie die Teppiche von Hand gefertigt werden. Die Pfeifenfabrik von Courrieu besitzt eine Sammlung von 8000 verschiedenen Pfeifenmodellen. Das Musée des Empreintes et Traditions Maures et Provence ist der Geschichte des Departements gewidmet. Kinofans kommen im Musée Raimu auf ihre Kosten, das Hunderte von Photographien, Plakaten und Erinnerungsstücken an den in den 30er und 40er Jahren unter dem Namen Raimu bekannten Schauspieler Jules Muraire besitzt. Die beinahe mittelalterlich wirkende Altstadt mit ihren schmalen Gassen zieht sich vom Rathausplatz bis zur Tour de l'Horloge, dem einzigen Überrest der ehemaligen Befestigungsanlage.

Das Künstlerdorf Grimaud liegt auf einem Berggipfel und wird von den eindrucksvollen Ruinen eines Schlosses beherrscht, das man nach und nach renoviert. Die Ortsmitte von Grimaud besteht aus ruhigen Gassen, kleinen schattigen Plätzen, gut erhaltenen Häusern, einer gotischen Arkade und einer romanischen Kirche mit modernen Bleiglasfenstern. Sehr hübsch sind auch das auffällig bemalte Haus gegenüber der Kirche und die Blumenkästen, die viele Häuser zieren. Die in Richtung Friedhof gelegene, kleine Kapelle Saint-Roch besitzt wundervolle Fresken. Daneben steht eine restaurierte Mühle aus dem 12. Jahrhundert. Das Musée des Arts et Traditions Populaires ist nur während der Sommermonate geöffnet.

Die malerische geführte D 558 überquert das Massif des Maures und führt nach La Garde-Freinet. Biegen Sie kurz vor dem Ort links ab, und folgen Sie der Beschilderung nach La Croix des Maures, von wo aus man einen herrlichen Blick über die Umgebung hat. Vom Parkplatz ist es nicht weit zu den Ruinen einer Burg aus dem 15. Jahrhundert. Auch die Sarazenen hatten hier oben eine Festung, die ihnen vor der Vertreibung aus Frankreich als letzte Zufluchtsstätte diente.

La Garde-Freinet ist ein typisch provenzalischer Ort mit hübschen Plätzen, Gassen und Brunnen sowie einer Kirche aus der Renaissance. Etwas nördlich des Ortes befindet sich das Musée International de la Colombophilie, in dem man alle erdenklichen Informationen zum Thema Brieftauben erhält. Außerdem werden in großen Käfigen rund 1200 Tauben gehalten.

Nizza und Bellet

In Nizza beschließt der Var seine Reise durch die Provence und mündet ins Mittelmeer. Die Berge östlich des Vartals hinter Nizza sind die Heimat eines beinahe unbekannten Weines – des Bellet. Da die Reben rund 300 Meter über dem Meer angebaut werden, bleiben sie von der größten Sommerhitze verschont und entwickeln mehr Finesse. Für die Erzeugung der Bellet-Weine werden regionale Rebsorten, wie die rote Braquet, die Folle noir und die weiße Rolle verwendet. Die Rotweine werden häufig in Holz ausgebaut und besitzen einen fruchtigen, aromatischen Duft mit dunklem Beigeschmack. Einige Kenner behaupten, einen beinahe italienischen Stil herauszuschmecken, der auf die verwendeten Rebsorten und die Nähe der Grenze zurückzuführen sei! Die Roséweine sind erfrischend und elegant, während das Spektrum der Weißweine von zart erfrischend und aromatisch bis hin zu beinahe blumigen Untertönen reicht. Die Verwendung von Chardonnay im Verschnitt verleiht den Weinen Qualität und Stil. Aufgrund der kleinen Rebfläche von nur 65 Hektar und der schwierigen Anbaubedingungen war Bellet schon immer ein recht teurer Wein. Ein Großteil der Produktion wird vor Ort konsumiert.

Unsere Weintour führt durch das Herz der Region Bellet. Man nimmt von Nizza oder Cannes aus die N 202 in Richtung Digne, biegt nach Saint-Isidore ab und folgt von dort der Beschilderung nach Saint-Roman-de-Bellet. Schon bald erklimmt die schmale Straße in engen Windungen die Höhe, wo ein Schild zum Weingut Collet de Bovis/Domaine du Fogolar weist. Etwas weiter ist der auffällige rechteckige Turm von Château de Crémat zu sehen. Das Château gehört der Familie Bagnis, die nach dem Zweiten Weltkrieg viel dazu beitrug, die Appellation contrôlée Bellet vor dem Untergang zu bewahren.

Das größte Angebot an Bellet-Weinen in Saint-Roman-de-Bellet ist im Lebensmittelladen hinter der Auberge de

Links: *Betörender Blumenduft erfüllt den schön gelegenen Marktplatz von Nizza.*

Oben: *Das Hôtel Negresco in Nizza besticht durch sein extravagantes Dekor.*

Bellet erhältlich. Von der Kirche Saint-Roman und anderen Aussichtspunkten entlang der Straße hat man einen herrlichen Blick über das Vartal und die Berglandschaft der Umgebung. Beinahe jeder Fleck ist bebaut oder dient dem Anbau unterschiedlichster Pflanzenarten, beispielsweise Nelken, die oft auch in Treibhäusern gezogen werden. Nirgends herrschen Weinberge vor.

Von Saint-Roman geht es weiter nach Colomars, wo das einzige Hotel der Gegend zu finden ist. Kurz vor dem Ort biegt die Weinroute nach links ab, zurück nach Saint-Isidore. Die Straße führt an einigen kleineren und zwei großen Erzeugern vorbei, Château de Bellet und Clot Dôu Baile.

Etwas weiter im Landesinneren, rund 35 Kilometer von Saint-Isidore (an der N 202) liegt Villars-sur-Var. Villars ist die einzige zur Appellation contrôlée Côtes de Provence gehörende Gemeinde im Departement Alpes-Maritimes, was den Bemühungen eines einzelnen hervorragenden Erzeugers, Clos Saint-Joseph, zu verdanken ist. Die Straße zu diesem Weinort wird auf beiden Seiten von Weingärten gesäumt. In der Ortsmitte steht die spätgotische Kirche Saint-Jean-Baptiste aus dem 16. Jahrhundert, die schöne Skulpturen und ein herrliches Altarbild besitzt. Ein Tor neben der Kirche führt zur Allée des Grimaldi, einem doppelten Laubengang, der in der Vergangenheit vermutlich von Weinreben umrankt war.

Auf dem Rückweg nach Nizza sollte man einen Abstecher durch die Gorges de la Vésubie machen. Biegen Sie bei Plan-du-Var in die Schluchten ab, und folgen Sie von Saint-Jean-la-Rivière der Straße zum hochgelegenen Levens und nach Saint-Martin-du-Var. Vence und besonders Saint-Paul-de-Vence, auf der Westseite des Vardal, lohnen einen Besuch, nicht nur wegen der Weinproben, sondern auch wegen ihrer Künstlerviertel, Hotels und Restaurants.

Unten: *Im Vartal wird nahezu jeder freie Flecken Land für den Weinbau genutzt.*

Nizza und Bellet

Departementsgrenze

● Weinort

■ CHÂTEAU Cru classé oder anderer Spitzenerzeuger

Côtes de Provence

Bellet

Weinstraße

NIZZA

HOTEL

Auberge du Rédier
Colomars, Tel. 4 93 37 94 37
25 einfache, saubere und geräumige Zimmer mit angemessenem Komfort. Die Zimmer im Erdgeschoß haben eine kleine Terrasse. Die Weinkarte des Restaurants offeriert Bellet-Weine. In der Hauptsaison nur mit Halbpension.

RESTAURANTS

L'Auberge de Bellet
Saint-Roman-de-Bellet
Tel. 4 93 37 83 84
Mit Efeu bewachsener Landgasthof mit überdachter Terrasse und überraschend eleganter Inneneinrichtung. Regionale Gerichte aus marktfrischen Zutaten.

Jean-François Issautier
Saint-Martin-du-Var, Tel. 4 93 08 10 65
Hervorragendes Restaurant an der N 202, unmittelbar außerhalb von Saint-Martin. Stilvolles Dekor und freundliche Kellner im Frack. Dem heutigen Geschmack angepaßte traditionelle Gerichte *(la courte nage de la mer dans un bouillon de crustacé parfumé à l'estragon)*.

WEININFORMATIONEN

Fête de la Vigne – Findet am ersten Sonntag im September in Nizza statt.
Ile Saint-Honorat – Das berühmte Restaurant Chantecler im Hotel Negresco in Nizza serviert einen seltenen Weißwein, der im Mönchskloster der Ile Saint-Honorat (vor der Küste Nizzas) erzeugt wird. Es ist ein im Faß vergorener Vin de pays, von dem jedes Jahr ungefähr 1000 Flaschen produziert werden. Die Mönche stellen auch etwas Rotwein her.
Saint-Paul-de-Vence – Hier werden gewaltige Anstrengungen unternommen, um den Weinbau neu zu beleben. Die treibende Kraft hinter dieser Initiative ist Adrien Maeght von der Fondation Maeght (Kunstsammlung). Momentan wird eine kleine Menge Roséwein erzeugt.

Rechts: *Die Promenade des Anglais in Nizza wird von Autofahrern und Fußgängern gleichermaßen frequentiert.*

EMPFOHLENE ERZEUGER

NIZZA (QUARTIER DE CREMAT, BELLET-DE-NICE)

Collet de Bovis / Domaine du Fogolar
Gehört dem Universitätsprofessor Jean Spizzo.

Château de Crémat
Mit 11 Hektar Weingärten der größte Erzeuger. Guter Rotwein mit vollem, fleischigem Bukett. Außerdem rosé und weißer Bellet. Das Château erinnert an die Toskana.

Propriété Massa
Traditioneller Ansatz. Eine der ältesten Winzerfamilien der Gegend.

SAINT-ROMAN-DE-BELLET

Château de Bellet
Führender und einer der größten Erzeuger von Qualitätsweinen. Köstliche, raffinierte Weine. Die besten sind die weiße und rote Cuvée Baron G. Sie ist nach Ghislain de Charnacé benannt, dem Besitzer und einem der treibenden Kräfte der Appellation Bellet.

Clot Dôu Baile
Weine mit Persönlichkeit. Der Name bedeutet «Weinberg des Oberhirten».

COLOMARS

Propriété Augier
Gegenüber der Auberge de Bellet.

VILLARS-SUR-VAR

Clos Saint-Joseph
Kleines Gut (2,5 Hektar), auf dem die Familie Sassi hervorragenden Côtes de Provence erzeugt. Der Rotwein ist geschmeidig und aromatisch und besitzt wegen des Ausbaus im Eichenfaß einen duftigen Beigeschmack nach Holz und Vanille. Noch nobler ist der faßvergorene Weiße mit seinem komplexen Geschmack.

Glossar

Aïoli – Knoblauchmayonnaise.
Appellation (d'origine) contrôlée (AC oder **AOC)** – Bestimmungen für die französische Weinerzeugung, in denen Herkunftsbezeichnung, Alkoholgehalt, Ertragsmenge, Rebsorten und Weinbereitung genau festgelegt sind. Die Vorschriften variieren von Region zu Region, doch geht das grundsätzliche System auf eine Gesetzgebung im Rhônetal zurück, die von einem Zusammenschluß der dortigen *vignerons* unter Leitung von Baron Pierre Le Roy de Boiseaumarie angeregt wurde.
Auberge – Gasthof, Hotel.
Autoroute – Meist mautpflichtige Autobahn.
Banon – Ziegenkäse.
Baoumo – Altes provenzalisches Wort für Höhle.
Barrique – Kleines Weinfaß aus neuer französischer Eiche; Volumen üblicherweise 225 l, manchmal 300 l. Bis zu drei Jahren im Gebrauch.
Bastide – Heute ein Landhaus in der Provence; ursprünglich bezeichnete man damit in Südwestfrankreich eine befestigte Stadt.
Bouillabaisse – Früher die Suppe der Fischer, gekocht aus Fisch und Kräutern. Die «authentische» *bouillabaisse* besteht aus *rascasse* (Drachenkopf) und mindestens zwei weiteren Fischarten, manchmal enthält sie auch Schalentiere. Ihre gelbe Farbe erhält sie durch Safran.
Bourride – Eine provenzalische Fischsuppe oder ein Fischeintopf aus mehreren Fischarten mit festem, weißem Fleisch. Nach dem Kochen wird die Brühe gesiebt und mit *aïoli* gebunden.
Bureau de Tourisme – Siehe Office de Tourisme.
Caillettes – Kalte Fleischbällchen oder Würste aus gehacktem Schweinefleisch, Gemüse (häufig Spinat) und Kräutern.
Calanque – Schmale, felsige Meeresbucht.
Cave – Keller oder generell ein Weinbetrieb.
Cave coopérative – Genossenschaftskellerei.
Cayenne – 200-Liter-Faß.
Cépage améliorateur – Wörtlich «Reben-Verbesserer». Die Syrah-Traube wird als solcher benutzt, um die Alterungsfähigkeit von gewöhnlichen provenzalischen Weinen zu erhöhen.
Cèpe – Eßbarer und sehr beliebter Röhrenpilz.
Chambres d'hôtes – Ursprünglich «Gästezimmer»; heute an Touristen vermietete Privatzimmer.
Charcuterie – Metzgerei und Feinkostgeschäft; auch Wurstwaren aus Schweinefleisch.
Château – Im eigentlichen Sinne ein Schloß, bezeichnet dieser Begriff in Zusammenhang mit Wein meist ein Gut – unabhängig von seiner Größe.
Chènevières – Hanffelder.
Choucroute – Französisches Sauerkraut.
Clos – Hochklassige, meist ummauerte Einzellage, manchmal im Alleinbesitz eines Winzers.
Commune – Stadt oder Dorf und das dazugehörende Gebiet.
Comté – Grafschaft.
Coquillages – Schalentiere.
Côte – Wörtlich «Hügel, Hang». Eine besondere Hanglage, von der bessere Weine kommen als von den Rebflächen in der Umgebung.
Coteaux – Siehe Côte.
Cours – Promenade.
Cru classé – Ursprünglich «ausgezeichnetes Gewächs». Cru ist ein spezieller Begriff für eine Lage hoher Qualität. Cru classé bezeichnet einen Weinberg (oder die daraus gewonnenen Weine), der für seine besondere Qualität ausgezeichnet wurde.
Cuvée – Name für im Faß *(cuve)* ausgebauten Wein. In bestimmten Regionen, z. B. in der Champagne, steht der Begriff für den aus der Kelter zuerst ablaufenden Most. Anderswo bezeichnet er anspruchsvolle Verschnitte. Allgemein bedeutet er einfach eine gewisse Menge Wein und wird auch für einen in Flaschen abgefüllten Wein gebraucht.
Daube – Traditioneller, ländlicher Rindfleischeintopf. Auch in Wein geschmorter Rinderbraten.
Departement – Französischer Verwaltungsbezirk.
Domaine – Ähnlich wie Château gebraucht, doch bezieht sich die Bezeichnung meist auf den Grundbesitz oder das Weingut, nicht auf das «Haus» selbst.
Foire – Messe. Auch wie *marché* gebraucht oder einfach nur Fest.
Fruits de mer – Meeresfrüchte.
Gambas – Garnelen aus dem Mittelmeer.
Gîte – Wohnung oder Haus mit Selbstversorgung.
Gîte rural – Landhaus oder Bungalow für Selbstversorger.
Grillade – Gegrillte oder auf dem Rost gebratene Speisen, hauptsächlich Fleisch.
Herbes de Provence – Eine Kräutermischung aus Basilikum, Thymian, Rosmarin und Lorbeer.
Hôtel de Ville – Stadthalle, auch Rathaus.
Macération carbonique – Kohlensäuremaischung. Ein Rotweinbereitungsprozeß ohne die Mitwirkung von Hefe und ohne vorherige Zerkleinerung der Trauben. Die ganzen Traubenbüschel werden sorgfältig in einen Behälter gegeben, den man dann mit Kohlendioxid füllt. In den unversehrten Beeren setzt ein Gärungsprozeß ein, der einen

fruchtigen, jung zu trinkenden Wein entstehen läßt.
Mairie – Rathaus.
Maison du Vin – Normalerweise ein Weinhändler oder ein kleiner Laden, der Wein verkauft.
Marc – Trester und auch der daraus bereitete Schnaps (ähnlich der italienischen *grappa*).
Marché – Markt.
Mas – Landgut in Südwestfrankreich.
Massif – Gebirgszug.
Mikroklima – Das Klima einer bestimmten, meist kleinen Lage unter Berücksichtigung des Abstandes zwischen den Rebreihen. Häufig versteht man darunter jedoch überhaupt die klimatischen Bedingungen, die in einem Weinberg herrschen.
Mistral – Der kalte, nördliche Wind, der über das Rhônetal und Südfrankreich hinwegfegt, bevor er sich über dem Mittelmeer verliert. Bei vielen Menschen löst er Kopfschmerzen aus, die Rebstöcke aber schützt er vor Krankheitsbefall.
Office de Tourisme – Fremdenverkehrsbüro
Oidium – Französischer Begriff für Mehltau, eine Krankheit, die auch Reben befällt.
Oratoire – Kleine Kapelle oder Andachtsraum.
Osso buco – Ländliches Gericht italienischen Ursprungs. Es besteht aus einer ausgelösten Kalbshaxe mit Zwiebeln und Tomaten und wird in der Regel mit Nudeln oder Reis serviert.
Palais – Schloß, Palast.
Pastis – Hochprozentiger Anisschnaps, ähnlich Pernod.
Pétanque – Eine Art Boulespiel in Südfrankreich.
Phylloxera vestatrix – Kleine, gelbe Läuseart (Reblaus), die sich von den Wurzeln der Rebstöcke ernährt und schlimmere Auswirkungen hat als jeder andere Schädling.
Pieds et paquets – Gericht aus Lammfleisch und Schweinsfüßen.
Pissaladière – Pizzaähnlicher Zwiebelkuchen mit schwarzen Oliven und Anchovisfilets.
Plat du jour – Tagesgericht.
Rascasse – Drachenkopf (Fischart).
Ratatouille -Mischung aus Auberginen, Paprika, Zucchini, Tomaten und anderem Gemüse. Die Zutaten werden in Würfel geschnitten und in Olivenöl mit Knoblauch geschmort.
Rouget – Rötling (Speisefisch).
Rouille – Würzige Knoblauchsauce, die traditionell zur *bouillabaisse* gereicht wird. Der Name beschreibt die Farbe, die von roten Chilies und (manchmal) Safran stammt.
Route national – Landstraße erster oder zweiter Ordnung.
Saint-pierre – Petersfisch.
Santon – Krippenfigur.
Seigneur – Historische Bezeichnung für einen Adeligen.
Seigneurie – Besitztum eines *seigneur.*
Tapenade – Eine provenzalische Würzmasse aus Kapern, entsalzenen Anchovis und schwarzen Oliven mit Kernen. Die Ingredienzien werden in einem Mörser zerstoßen und mit Olivenöl und Zitronensaft vermischt. Man ißt sie zu *crudités* oder auf Toast.
Terroir – Weithin üblicher Ausdruck für die Kombination von natürlichen Faktoren wie Bodeneigenschaften, Mikroklima usw., die dem Wein einer bestimmten Lage seine individuelle Note verleiht.
Tire-bouchon – Korkenzieher.
Tomme de Banjols – Ziegenfrischkäse.
Tour de l'horloge – Uhrturm.
Troubadour – Mittelalterlicher französischer Dichter des 11.–13. Jhs.
Vendage – Lese.
Vigneron – Winzer.
Vignoble – Weinberg.
Village fleuri – Für seinen Blumenschmuck preisgekröntes Dorf.
Vin délimité de qualité supérieur (VDQS) – Französische Qualitätsbezeichnung zwischen Appellation contrôlée und Vin de pays.
Vin de pays – Landwein. Seit 1973 als Klassifikation in Gebrauch. Er bezieht sich auf den Ursprungsort – ein Dorf, eine Region oder ein Departement wie z. B. Vin de pays du Gard. Derzeit gibt es über 140 Vins de pays. Sie sind in drei Kategorien unterteilt: Vins de Pays mit regionaler Bezeichnung, Vins de pays mit Departement-Bezeichnung und Vins de pays mit lokaler Bezeichnung – die genaueste Klassifikation.

Orte und Weine

Index

Anmerkung: Bei Hotels und Restaurants werden die Orte in Klammern angegeben. Die Winzergenossenschaften findet man unter ihren (Orts-)Namen.

BILDNACHWEIS

Richard McConnel 36 / 37, 43, 53 oben, 60 / 61, 76 / 77, 88 unten
Scope / Philipe Blondel 90, / **Jean-Charles Gesquiere** 15 oben rechts, 67 unten, 116 / 117 oben, / **Daniel Gorgeon** 14 unten links, 58, 64, 103 oben, / **Michel Gotin** 5 oben,118, 119, 123, 126 / 127 / **Jacques Guillard** 3, 5 Mitte, 8, 9, 10, 11, 12, 13, 14 / 15, 16, 17, 18, 19, 20 / 21, 22 / 23, 24, 25, 26 unten, 27 unten, 28, 29, 30, 31, 32 / 33 unten, 35, 37, 38, 39, 40 / 41, 42, 44 / 45, 46, 47, 48, 49, 50 / 51, 54 / 55, 55 oben, 56, 57, 59, 61, 63, 65, 66 / 67 oben, 68, 69, 70, 71, 73, 74, 77 oben, 78, 79, 80, 81, 82, 83, 84 / 85, 85 oben, 86, 87, 88 / 89 oben, 91, 92, 93, 94, 95, 96, 97, 98, 99, 100, 101, 102, 103 unten, 104, 107, 108, 109, 110 / 111, 111 oben, 112 / 113, 114, 115, 117 unten, 120 / 121, 125 oben, 128, / **Michel Guillard** 26 / 27 oben, / **Noël Hautemanière** 5 unten, 6, 32 oben, 52, 53 unten, 72, 75, / **Roland Huitel** 33 oben, / **Guy Thouvenin** 124 /125